Kinder ohne Streß

Im Wunderland der Phantasie

Klaus W. Vopel

Im Wunderland der Phantasie

Kinder ohne Streß
Band 2

iskopress

CIP-Titelaufnahme der Deutschen Bibliothek

Vopel, Klaus W. :
Kinder ohne Stress / Klaus Vopel. - Hamburg : isko-press
ISBN 3-89403-180-8

Bd. 2. Im Wunderland der Phantasie. - 2. Aufl. - 1991
ISBN 3-89403-182-4

2. Auflage 1991

Umschlaggestaltung: Wilfried Gandras, Hamburg
Satz: Compart, Karlsruhe
Druck: Runge, Cloppenburg

Inhalt

Einleitung

"Kinder ohne Streß" ist eine Sammlung sanfter Spiele, in fünf Bausteinen organisiert: Teil 1, Bewegung im Schneckentempo; Teil 2, Im Wunderland der Phantasie; Teil 3, Reise mit dem Atem; Teil 4, Zauberhände; Teil 5, Ausflüge im Lotussitz. Jeder, der Kinder aufzieht oder mit ihnen arbeitet, erhält mit diesem innovativen und vergnüglichen Werk einen vorzüglichen Leitfaden, um die ihm anvertrauten Kinder in der Kunst seelischen Überlebens zu unterweisen. Diese sanften Spiele wenden sich nur zum Teil an das Alltagsbewußtsein der Kinder. Sie sprechen tiefere Schichten in ihnen an und geben jedem Kind die Gelegenheit, seinen eigenen Stil zu entwickeln, wie es sich beruhigen, sich entspannen, heiter werden, Kraft schöpfen und auf Streß und Probleme gelassen reagieren kann.

Die zentrale Botschaft der sanften Spiele an unsere Kinder lautet: Du darfst dir immer wieder die Zeit nehmen, um dich in Balance zu bringen, und du hast alle Voraussetzungen in dir, um dich konzentriert und zuversichtlich zu fühlen. Und du kannst diese Kunst immer weiter erlernen.

1. Streß-Prävention

Jeder Erwachsene hat schon erlebt, wie sicher und automatisch Babies ihren Lebensrhythmus regeln. Sie sind locker und lächeln, wenn sie ein vertrautes Gesicht, eine bekannte Stimme, einen gewohnten Duft bemerken. Sie verkrampfen sich und weinen, wenn sie hungrig sind, Schmerz empfinden oder sich zu lange alleingelassen fühlen. Und wenn ihre Bedürfnisse befriedigt sind und ihre verfügbare Energie verbraucht ist, schlafen sie von einem Augenblick zum anderen ein. Wir können bewundern, wie es dem jungen Organismus gelingt, einen Zustand wohliger Ruhe und heiterer Entspannung herbeizuführen.

Und jedes kleine Kind hat diese lebenserhaltende Steuerung, die von einer Periode der Aktivität und Anspannung auf eine Zeit der Entspannung und Ruhe umschaltet. Dabei weiß das kleine Kind nicht, daß es diese komplizierte psychobiologische Selbststeuerung ausüben kann. Es läßt einfach sein Unbewußtes für sich arbeiten.

Und wenn das kleine Kind heranwächst, wird diese erste automatische Steuerung seines Lebensrhythmus ergänzt durch eine zweite, willkürli-

che Steuerung, die von dem sich schnell entwickelnden Bewußtsein übernommen wird.
Von nun an hat das Kind häufiger die Wahl, den Empfehlungen des Unbewußten oder den Wünschen seines Bewußtseins zu folgen. Und das dreijährige Kind, das abends um 10 Uhr noch einen Baukasten mit Legosteinen ausschüttet, um damit zu spielen, hat sich offenbar auf die Seite seiner bewußten Wünsche gestellt, wenn es kommentiert: »Ich spiele lieber noch, schlafen will ich erst später.«
Das ganze Leben lang hat das kleine Kind - und haben wir alle - die manchmal komplizierte Aufgabe, die unterschiedlichen Ansichten des Bewußtseins und des Unbewußten miteinander zu verbinden, damit wir einen Rhythmus finden, der uns gesund und optimistisch erhält. Wir ersparen uns viele Komplikationen, wenn wir uns früh im Leben auf eine Kooperation unseres Bewußtseins mit unserem Unbewußten einstellen. Mit beiden Steuerungssystemen ausgestattet, können wir flexibel wechseln zwischen Zeiten der Neugier, des Spiels, der Arbeit, der Liebe - und Zeiten der Entspannung, des Ausruhens, der inneren Stille.

Mit den sanften Spielen von »Kinder ohne Streß« können Sie dazu beitragen, daß Kinder schon sehr früh, im Kindergarten-, Vorschul- und Schulalter lernen können, sich zu entspannen, ihren Rhythmus zu justieren, sich neu zu sammeln. Diese lebenswichtige Fähigkeit ist heute leider nicht nur bei älteren Kindern und Jugendlichen in einem erschreckenden Maße bedroht bzw. unterentwickelt; viele Pädagogen wissen nicht, wie sie auf Konzentrationsschwächen, Unruhe, Hyperaktivität oder Grobheit ihrer Schüler reagieren sollen. Und der zunehmenden Zahl schwieriger und gestörter Schüler entspricht eine wachsende Menge hilf- und ratloser Erwachsener, die alle geneigt sind, die Gründe für die Unterrichts- und Verhaltensstörungen vor allem in den Versäumnissen der Eltern, in der TV- und Video-Kultur, in der neuen Armut etc. zu suchen.
Sicher haben alle recht, die die ungünstigen Lebensbedingungen der Kinder mit ihren Schwierigkeiten in Zusammenhang bringen. Aber das erklärt nicht alles und läßt uns als Pädagogen zudem hilflos. Vielleicht können wir die für uns unangenehmen »Symptome« unserer Kinder auch als produktive Herausforderung nutzen, um selbst etwas daraus zu lernen. Wir können zum Beispiel über unsere eigene pädagogische Praxis nachdenken und uns fragen, in welchen Punkten wir unseren Kindern etwas schuldig bleiben. Und eine erste Antwort kann lauten: Wir be-

treiben keine wirksame Prävention. Wir sind unsicher, wie wir unsere Autorität und unseren Vorsprung an Lebenserfahrung passend einsetzen können. Wir wenden uns lieber an den Intellekt der Kinder und übersehen leicht ihren Körper und ihre Seele. Wir können uns nur schwer auf den langsamen Reifungsprozeß der Kinder einstellen und verlangen zum falschen Zeitpunkt unangebrachte Leistungen.

Pädagogische Prävention heißt, unsere eigene erzieherische und psychologische Theorie zu überdenken, sinnvolle Lernziele für unsere Kinder auszuwählen, die sie auch rauhe Zeiten überstehen lassen, wirksame pädagogische und therapeutische Techniken und Methoden zu entwikkeln — und unser pädagogisches Vorgehen an der natürlichen, biologisch programmierten Entwicklung der Kinder zu orientieren. Schließlich heißt Prävention auch: die Kinder so früh wie möglich lernen zu lassen, das gesamte Spektrum ihres Organismus möglichst harmonisch zu benutzen und ihren eigenen Rhythmus von Spiel und Arbeit, Lachen und Ernst, Konzentration und Tatendrang immer wieder neu zu finden. Denn nur die Kinder, die ihrer inneren Stimme folgen und aus dem eigenen Zentrum leben, bleiben ein Leben lang lernbereit, schöpferisch und freundlich.

Wie kleinere und größere Kinder gern lernen

Kinder haben Schwierigkeiten mit unausgeglichenen Persönlichkeiten. Wer ihnen zwei Gesichter zeigt, irritiert sie. Sanfte Spiele sind daher kein Ausgleich für eine ansonsten rigide Pädagogik. Sie finden jedoch ihren Platz im Rahmen einer Pädagogik, die sich für die Kinder als konsistent und flexibel zeigt. Gerade angesichts der Belastungen, denen Eltern und Kollegen in den helfenden Berufen heute ausgesetzt sind, sind wir von den immensen Vorteilen einer Pädagogik überzeugt, die unterwegs ist. Das schließt nicht aus, daß wir unser Vorgehen an wissenschaftlichen und praktischen Grundsätzen orientieren. Einige meines Erachtens nützliche Beobachtungen und Schlußfolgerungen habe ich in diesem Abschnitt zusammengestellt. Sie sind keineswegs neu. Gleichwohl geraten sie häufig in Vergessenheit. Vielleicht liegt das daran, daß einige dieser Grundsätze gut mit dem Kopf, andere wieder eher mit dem Herzen aufgenommen werden können. Das also sind jene pädagogischen »Grundsätze«, an denen sich die sanften Spiele orientieren:

— Kinder haben früh den Wunsch, frei zu sein, selbst zu entscheiden, selbst zu wählen. Wenn Kinder sich frei genug fühlen, lernen sie gern und leichter. Daher müssen im Alltag der Kinder in ausreichendem Maße Lernsituationen enthalten sein, wo die Kinder ein hohes Maß an Freiheit in der Gestaltung ihres Lernprozesses haben und wo die Kontrolle der Ergebnisse weitgehend bei ihnen selbst liegt.

— Kinder müssen lange, lange (bis ins frühe Erwachsenenalter hinein) lernen, mit ihrem Körper vertraut zu werden, mit allen Teilen ihres Körpers.

— Kinder benötigen eine achtungsvolle Einstellung zum eigenen Körper. Die kognitiven Lernprozesse des Kindes, seine physiologischen Funktionen, Gesundheit und Krankheit, all das hängt von der Einstellung des Kindes zu seinem Körper ab.

— Unser Körper ist weiser als wir es wissen. Und Kinder sind viel bereiter als Erwachsene, auf die Weisheit ihres Körpers zu hören.

— Kinder sind kreativ und lieben ihre Kreativität. Im Laufe der Zeit (und leider auch durch uns Erwachsene) entwickeln auch Kinder rigide geistige Haltungen. Gute Pädagogen helfen, solche einschränkenden mentalen Sets aufzulösen, indem sie die intuitive Seite des Kindes ansprechen.

— Kinder lernen am besten aus einfachen Erfahrungen und weniger durch theoretische Betrachtung. Ihr Lernprozeß entfaltet sich in vielen kleinen Schritten, selten in großen Durchbrüchen.

— Kinder möchten vor allem Selbstvertrauen lernen: wissen, daß sie sich auf sich selbst verlassen können. Sie vertrauen leichter als Erwachsene auf ihr Unbewußtes, das ihnen oft die wichtigen Informationen geben kann, so daß sie das Richtige zum rechten Zeitpunkt tun können.

— Verspannungen, Verkrampfungen, Funktionsstörungen werden vom Unbewußten ausgelöst. Folglich muß auch das Unbewußte an der Auflösung solcher Symptome mitwirken. (Bei vielen sanften Spielen kann das Bewußtsein zurücktreten und dem Unbewußten die Regie überlassen. Das Unbewußte kennt die Lösung der meisten unserer Probleme und ist sehr kooperationsbereit.)

— Jedes Kind hat andere Körperteile und Körperzonen, die für Verspannungen besonders anfällig sind.

— Jedes Kind lernt anders, versteht anders, reagiert anders, entwickelt andere Symptome bei Überlastungen.

— Es ist wichtig, daß Kinder immer wieder Situationen erleben, in denen sie eine neue Balance zwischen den verschiedenen Systemen ihres Organismus herstellen können, zum Beispiel zwischen Körper, Bewußtsein, Unbewußtem und Gefühl.

— Beim Spielen und Lernen in Gruppen verlieren (nicht nur) Kinder ihren persönlichen Rhythmus leichter, als wenn sie sich in informellem Rahmen bewegen. Hier sind "transitorische" Aktivitäten besonders wertvoll, die zwischen verschiedenartigen Spiel- oder Arbeitssequenzen eine innere Re-Orientierung und Sammlung ermöglichen (eine der wichtigen Funktionen der sanften Spiele).

— Damit Kinder glückliche und flexible Erwachsene werden können, müssen sie lernen, daß sie etwas für ihr eigenes Wohlbefinden tun können (Es genügt nicht, daß sie ihren Plattenspieler zu bedienen verstehen).

— Kinder müssen oft genug die Chance haben, etwas zu tun, bei dem sie viel von dem anwenden können, was sie längst beherrschen. Solche eigenen Aktionen geben mehr Selbstwertgefühl als die Reproduktion von Werten, Ideen, Theorien, Konzepten.

— Kinder schätzen Lernsituationen, die divergentes Denken gestatten, d.h. in denen das Unbewußte eine Menge denken, erledigen und Schlüsse ziehen kann.

— Kinder schätzen Erwachsene, die Respekt vor dem Unbewußten, vor Intuition und Phantasie haben.

— Kinder sind viel aufgeschlossener als Erwachsene für Metaphorik, Symbolik, Phantasie und Ritual.

Sie werden später immer wieder bemerken, daß sich sehr viele der sanften Spiele an diesen Grundsätzen orientieren. Auf einen sehr viel einfacheren Nenner gebracht, basieren die Spiele auf folgendem Bauplan:
Sie regen die Zusammenarbeit zwischen Unbewußtem und Bewußtsein an; sie beziehen den Körper ein; sie provozieren ungewöhnliche Bewegungen/Bewegungsabläufe des Körpers und der Phantasie. Die vielfach metaphorisch angelegten Spiele ermöglichen neben den erwünschten physiologischen Veränderungen vor allem eine innere Reaktion, die dem Kind überhaupt nicht bewußt werden soll. Oft verzichten wir auf alle Suggestionen und Vorschläge, nach dem Muster: »Fühle dich entspannt...« Es ist vollkommen ausreichend, wenn sich das Kind tatsächlich entspannt und zentriert. Jedes Kind kann auf seine Weise die für seine Person wichtigen Schlüsse aus seiner Spielerfahrung ziehen. Die Wirkung

der Kur können Sie am besten am Verhalten der Kinder, an ihren Gesichtern, an ihrer Stimmung ablesen.

3. Ziele und Methoden

Wenn Sie als Gruppenleiter oder Elternteil häufig genug mit Ihren Kindern sanfte Spiele ausprobieren, dann geben Sie dem einzelnen Kind eine faire Chance, etwas Kostbares zu lernen. Es kann nämlich (über die aktuelle Situation hinaus) lernen und immer tiefer davon überzeugt sein, daß es den Rhythmus des eigenen Lebens kontrollieren kann, daß es in der Lage ist, sich bei aller inneren und äußeren Turbulenz und Belastung zu sammeln, zu erholen, wieder die eigene Mitte zu finden.
Und Kinder lernen diese wichtige Überlebenstechnik, die die Voraussetzung ist, um mit Streß und all den Grobheiten des Alltags zurechtzukommen, am leichtesten durch häufiges, beiläufig arrangiertes Üben. Dann können sie erfahren, daß es für sie möglich ist,

— sich jederzeit zu entspannen und zu erfrischen;
— sich unterhaltsame Pausen zu verschaffen (auch ohne Süßigkeiten oder Drogen);
— ihre Energie zu erneuern und zu fokussieren;
— die unterschiedlichen Aspekte ihrer Existenz (Körper, Geist, Gefühl) auf angenehme Weise zusammenwirken zu lassen;
— ein hohes Maß an Kreativität und Erfindungsgabe zu realisieren;
— sich auf immer wieder andere und interessante Weisen zu konzentrieren;
— ihre Beziehungen zu anderen, zu Kindern und Erwachsenen, lebendiger und natürlicher zu gestalten;
— Selbstwertgefühl und Lebensfreude zu schützen und auszudehnen.

Alle diese Ziele können erreicht werden, weil in den sanften Spielen nicht nur das Bewußtsein der Kinder angesprochen wird, sondern immer auch ihr Unbewußtes, ihre Intuition, ihre Phantasie, all das, was sie im Laufe ihres Lebens gelernt und in der großen Bibliothek ihres Geistes gespeichert haben. Und es ist diese Kombination von Bewußtem und Unbewußtem, die den Kindern gestattet, Kontakt aufzunehmen mit ihrem ganz persönlichen inneren Leben, ihrem individuellen Selbst. Das Kind kann jenen geheimen Platz in sich spüren, an dem es fröhlich sein kann, selbstbewußt, kompetent, mitfühlend, natürlich, spontan, individuell, friedlich und entspannt.

Die sanften Spiele haben in der Regel eine einfache Struktur, so daß es für die Kinder leicht ist, mitzumachen. Sie knüpfen mit ihrer Metaphorik und Handlungsstruktur an die Lebenserfahrung der Kinder an und beinhalten fast immer ein symbolisches, metaphorisches oder rituelles Element, das dem Unbewußten einen produktiven Anknüpfungspunkt und Stimulus gibt. Die sanften Spiele stammen aus vielen Quellen: Folklore, Tai Chi, Kum Nye, Gestalt, Phantasie und Psychoimagination, Meditation, Kinderspiel, Massage, New Games etc. Es ist leicht möglich, die Spiele so zu modifizieren, daß sie zu den besonderen Gegebenheiten Ihrer Kinder passen. Damit die angedeuteten heilenden Auswirkungen der sanften Spiele leichter eintreten können, sind einige weitere Dinge zu beachten. Haltung und Vorgehen des Gruppenleiters spielen dabei die wichtigste Rolle.

4. Haltung des Gruppenleiters

Am meisten hilft, wenn Sie die Achtung der Kinder genießen, wenn die Kinder Sie als Person schätzen, Ihre Kenntnisse, Ihre Zuverlässigkeit. Je eher die Kinder Sie zu den nützlichen und freundlichen Erwachsenen zählen können, desto bereitwilliger werden sie Ihren Vorschlägen auf diesem Felde folgen. Damit das einzelne Kind die persönliche Freiheit genießen und benutzen kann, müssen Sie bereit sein, für die Gruppe klare Grenzen zu ziehen und die Einhaltung schützender Spielregeln sicherzustellen.

Um selbst gelassen experimentieren zu können, wünschen sich Kinder die Leitung eines Erwachsenen mit gutem Selbstbewußtsein, der zuversichtlich, freundlich, klar, flexibel und nachsichtig die Gruppe leitet und klare Vorschläge macht. Und natürlich ist es unmöglich, so zu arbeiten, daß wir als Gruppenleiter allen Kindern gleichzeitig ausreichend gerecht werden. Sie wissen das, und die Kinder wissen es auch. Überhaupt sind Erwachsene, die nach Perfektion streben, vielen Kindern suspekt. Aber was unseren Kredit, den die Kinder uns geben können, sehr vergrößert, ist unsere Bereitschaft, eigene Fehler und Ungeschicklichkeiten einzuräumen und daraus zu lernen. Je älter die Kinder werden, desto wichtiger sind Erwachsene für sie, die erkennbar lernen und bemüht sind, ihre Kompetenz locker auszudehnen. Und es wird vermutlich immer Kinder geben, für die irgendeine Aufgabe oder irgendein sanftes Spiel eine zu große Hürde ist, so daß sie blockieren, abbrechen oder irgendwie aus dem Rahmen fallen. Deshalb ist es so wichtig, daß Sie als Gruppenleiter durchgängig den Kindern vermitteln, daß Sie als Erwachsener an ihr Potential glauben, ihre Fortschritte bemerken und sich mit den Kindern freuen. Und genauso wichtig wie die Ermutigung der Kinder, ist unsere Bereitschaft, kleinen und großen Kindern (wie uns selbst) Fehler zu gestatten bzw. ihnen zu assistieren, aus den Fehlern zu lernen.

Nun weiß jeder, der täglich mit Kindern zu tun hat, wie anstrengend das sein kann; und wer mit Kindergruppen arbeitet, bemerkt Tag für Tag, wieviel Energie nötig ist, um so viele kleine Persönlichkeiten im Auge zu haben und sinnvoll zu fordern. Die naheliegende Empfehlung, die wir Ihnen geben können, ist die, daß Sie selbst gut für sich sorgen, daß Sie sich vor, während und nach der Arbeit immer wieder regenerieren. Sie können für sich selbst angenehme Mini-Phantasiereisen erfinden, Tagträume, Rituale oder entspannende Bewegungen, die Ihnen helfen, sich zu erfrischen und die eigene Lebensfreude zu kultivieren. Es gibt immer kurze Perioden im Laufe eines Tages, wo es die Gruppe nicht stört, wenn Sie in eine kurze Trance gehen, meditieren, Yoga- oder Tai-Chi-Übungen praktizieren. Und wenn Sie mit sanften Spielen arbeiten, haben Sie häufig Gelegenheit, eine Übung vor- oder auch mitzumachen, so daß Sie auch selbst in den Genuß einer spielerischen Erfrischung kommen.

5. Praktische Hinweise für die Gruppenarbeit

Wann Sie am besten ein sanftes Spiel vorschlagen, das ist in erster Linie von Ihrem persönlichen Fingerspitzengefühl abhängig. Kinder, die Mitglieder formeller Gruppen sind, sollten jeden Tag mindestens einmal Gelegenheit dazu erhalten, sich kreativ auszudrücken, ihre Phantasie auf die Reise zu schicken, sich zu sammeln und zu entspannen. Besonders geeignet sind jene Übergangssituationen zwischen zwei unterschiedlichen Aktivitäten, wo kurze, entspannende Spiele den Kindern helfen können, wieder Kraft zu schöpfen und ihre Aufmerksamkeit neu zu fokussieren. Längere Spiele eignen sich für stille Zeiten, wenn die Kinder ihr Bedürfnis nach temperamentvoller Bewegung befriedigt haben. Oft schätzen die Kinder die sanften Spiele auch zu Beginn oder am Ende der gemeinsam verbrachten Zeit.

Benutzen Sie die Spiele nicht, wenn die Kinder Lust auf heftige Bewegungen haben; sie dürfen nicht als Tranquilizer mißbraucht werden. Am besten folgen Sie der Stimmung der Kinder, ihrem Energieniveau, den Themen, mit denen sich die Kinder beschäftigt haben. Ebenfalls bei der Auswahl der Spiele sind Sie auf Ihr Gespür angewiesen. Wählen Sie sanfte Spiele, die zur Mentalität Ihrer Kinder passen, zu ihren Vorlieben, zur Gruppengeschichte.

Bedenken Sie, daß kleinere Kinder zwischen 3 und 7 einfache, konkrete, phantasieorientierte Spiele lieben. Größere Kinder zwischen 8 und 12 mögen komplexere, dramatisierte Strukturen. Viele Spiele sind allerdings in gleicher Weise bei kleinen und größeren Kindern populär. Und berücksichtigen Sie die jeweils verfügbare Aufmerksamkeitsspanne der Kinder. Vor allem dürfen Sie Ihre Person, Ihren Charme einsetzen, Ihre Verführungskunst. Sie selbst sind das wichtigste Modell und der Magier, der die Kinder in das Zauberland der Phantasie führt. Sprechen Sie langsam, sanft und leise. Und sprechen Sie zu der stillen Stimme, die in jedem Kind präsent ist und die so gern angesprochen werden möchte. Gestatten Sie sich, die sanften Spiele nach Vorschlägen Ihrer eigenen Phantasie abzuwandeln oder zu ergänzen. Wenn Sie ein Spiel ausgewählt haben, das nicht ankommt, können Sie das humorvoll quittieren und ein anderes Spiel erproben. Mit der Zeit werden Sie Ihre Wahl aus dem Gefühl heraus treffen, im engen Kontakt mit den inneren Wünschen und Bedürfnissen der Kinder und des Kindes in Ihnen selbst.

Im Wunderland der Phantasie

Die sanften Spiele dieses Bandes wenden sich an Imaginationsvermögen und Phantasie von Kindern zwischen 3 und 12 Jahren. Die Kinder bleiben dabei an ihrem Platz, entweder still sitzend oder liegend. Ihr altersgemäßes Bedürfnis nach Bewegung wird auf andere Weise befriedigt: Die Kinder können sich im Rahmen der imaginativen Situationen auf vielfältige und angenehme Weise bewegen. Die dabei ausgelösten geistigen Prozesse können zu einer umfassenden körperlichen Entspannung und geistigen Erfrischung führen.

Nun treffen wir heute viele Kinder, deren Phantasieleben nicht ausreichend stimuliert wurde: Kinder, denen die Eltern zu wenige oder keine Geschichten erzählt bzw. vorgelesen haben; Kinder, die — obschon im Lesealter — selbst wenig lesen; Kinder, die die eigene Phantasieaktivität durch die Übernahme fertiger Bilder aus Comics, Video oder Fernsehen ersetzen. Für solche Kinder sind die Phantasiespiele dieses Bandes zunächst eine Herausforderung; andererseits bieten sie dem Kind eine wichtige Hilfe, lebensnotwendige mentale Funktionen auszubilden.

All diesen Kindern bieten die kurzen Phantasiespiele der beiden ersten Kapitel einen guten Einstieg, der sie auch darauf vorbereiten kann, sich an längeren Phantasiereisen zu beteiligen. Wir haben das Material dieses Bandes in vier Kapiteln gegliedert. Sie können die Phantasien in den ersten beiden Kapiteln (Phantasierätsel und Kurzphantasien) dazu benutzen, den Kindern Ihrer Gruppe eine schnelle erholsame Pause zu gönnen, bei der sich Körper und Geist regenerieren. Diese einfachen Phantasien vermitteln zudem erste Erfahrungen, wie sich die Kinder durch Bilder, Metaphern, imaginäre Situationen eine neue geistige Perspektive geben können, aus der heraus sie die Welt und ihr Leben optimistisch und ausgeglichen betrachten können. Die Kinder können sich daran gewöhnen, still zu sitzen oder zu liegen und dabei innerlich wichtige Dinge zu erleben. Im Vergleich zu Märchen oder Geschichten, die mehr Text und ein festgefügtes Handlungsschema aufweisen, sind die Phantasien kürzer und offener. Sie bieten den Rahmen, in dem das Kind selbst frei imaginieren und den es entsprechend den eigenen Bedürfnissen ausfüllen kann. Sie erleichtern dem Kind den Eintritt in das Reich der Phantasie, wenn Sie mit sanfter und etwas abgesenkter Stimme sprechen. Sprechen Sie langsam mit genügend langen Pausen und dehnen und betonen Sie die Schlüsselwörter.

Wenn Sie die Kinder zu einer Phantasie einladen, geben Sie ausdrücklich die Wahl, ob sich das einzelne Kind beteiligen möchte oder nicht. Und bringen Sie die Kinder nach einer Phantasie sanft in die Alltagsrealität zurück, indem Sie etwa sagen: "Und wenn ihr fertig seid, öffnet langsam eure Augen und schaut euch hier im Raum um. Bewegt eure Füße und Hände ein wenig und setzt euch wieder so hin, wie ihr normalerweise sitzt."

Bei manchen Phantasiereisen schlagen wir Ihnen am Ende vor, zu jedem Kind zu gehen und sich eine kurze Reaktion ins Ohr flüstern zu lassen. Auf diese Weise wird ein zusätzliches magisches Ritual etabliert, das Entspannung und Erfrischung haltbarer machen.

Da alle Phantasien mehr oder weniger auch das Unbewußte ansprechen, kann es vorkommen, daß eines der Kinder gefühlsmäßig tiefer berührt wird. Hören Sie dem Kind gut zu und lassen Sie es mitteilen, was es Ihnen sagen möchte.

Die Entspannungsphantasien der ersten beiden Kapitel inspirieren kleinere und größere Kinder. Größere Kinder (ab ca. 8 Jahren) brauchen in der Regel etwas länger, um sich auf die Phantasien einzustellen. Und sie haben auch gern etwas mehr Zeit, um ihre Imaginationen auszugestalten. Manchmal ist es angebracht, für Kinder dieses Alters die Rätsel- und Kurzphantasien etwas anspruchsvoller zu präsentieren, abgestimmt auf den Entwicklungsstand und die Interessen der Kinder.

Die Phantasiereisen des dritten Kapitels führen die Kinder weiter hinein in das Wunderland der Phantasie. Sie helfen den Kindern, sich tiefer und länger zu entspannen und Bilder zu entwickeln, die innere Ruhe und Zuversicht spenden können.

Die Entspannungsphantasien der Kapitel 1 bis 3 sind insgesamt ein vorzügliches Heilmittel,

- — wenn Kinder hohem Streß ausgesetzt sind,
- — wenn die Kinder hohe körperliche Belastungen überstehen müssen,
- — in Zeiten, wo die Kinder furchtsam, mutlos oder traurig sind,
- — wenn sich die Kinder konzentrieren müssen, um sich erneut auf die Arbeit oder auf Prüfungen einzustellen,
- — wenn die Kinder eine erholsame Pause brauchen.

Die einzelnen Phantasiespiele sind dabei mit solchen Symbolen oder metaphorischen Aktivitäten ausgestattet, daß das Unbewußte der Kinder eine Menge optimistisches Material erhält. Neue Zukunftsperspektiven,

neue Wachstumsimpulse und neue Handlungsspielräume können en passant aufgegriffen und von jedem Kind individuell mit der eigenen spezifischen Situation verbunden werden.
Wenn möglich, lassen Sie die Kinder sich auf den Boden legen oder — wenn das nicht geht — eine bequeme Haltung im Sitzen einnehmen. Manchmal ist es gut, wenn die Kinder über ein meditatives Spiel aus "Phantasie und Bewegung" zur Ruhe kommen, so daß nach dieser Vorbereitung die heilenden Möglichkeiten der Phantasie besser genutzt werden können.
Die Phantasien des vierten Kapitels führen den Prozeß der Entspannung und Entwicklung produktiver Lebensperspektiven noch ein Stück weiter. Um sich locker und leistungsfähig zu fühlen, müssen unsere Kinder sich in der eigenen Haut wohlfühlen. Sie müssen sich liebenswert fühlen, kompetent und fähig, Schwierigkeiten durchzustehen. Daher greifen die Phantasien des letzten Kapitels den Wunsch der Kinder auf, sich selbst zu verstehen und sich gut dabei zu fühlen.
Bitte erwarten Sie nicht, daß jedem Kind dabei geholfen wird. Und es wird auch nicht jedes Kind den Wunsch haben, etwas über seine inneren Erfahrungen mitzuteilen. Oft sind die Reaktionen der Kinder knapp. So ist es am besten, wenn Sie ein offenes Ohr haben und bereit sind, sich auf ganz unterschiedliche Reaktionen einzustellen.
Am Ende ein paar Hinweise, wie Sie die Phantasien einleiten können: Kleineren Kindern könnten Sie zum Beispiel sagen: "Stellt euch vor, wir sind Blätter an einem Baum. Der Wind hat uns auf den Boden geweht. Wir liegen nun da und träumen etwas Schönes." Oder: "Stellt euch vor, wir sind Ruderboote, die bequem auf dem Wasser liegen. Das Wasser ist still und unterstützt unseren Boden ganz sanft." Und wenn Sie eine gründliche Entspannung besonders für ältere Kinder ab 8 Jahren einleiten wollen, können Sie die folgende Einleitung benutzen: "Legt euch bitte auf den Boden auf eure Decke und wählt eine möglichst behagliche Lage, so, wie ihr es tut, wenn ihr euch ins Bett legt. Sucht euch einen guten Platz. Reckt und streckt euch, bis ihr es ganz bequem habt. Laßt euch ganz behutsam auf den Boden sinken. Holt tief Luft und atmet gründlich aus. Holt noch einmal tief Luft und bemerkt, wie euer Atem euch sanft wiegt und euch Ruhe gibt. Schließt und öffnet ein paarmal die Augen. Und wenn ihr euch vorstellen möchtet, was ich euch gleich erzähle, könnt ihr die Augen geschlossen halten. Und ihr könnt alles andere vergessen und aufmerksam meiner Stimme folgen. Und ist es angenehmer, die Augen

leicht oder fest zu schließen?... Jetzt können wir gemeinsam auf eine Reise ins Land der Phantasie gehen. Entscheidet, ob ihr mit mir gehen wollt, ob ihr euch das vorstellen möchtet, wozu euch meine Stimme gleich einlädt... Wenn ihr wollt, könnt ihr euch auch gemütlich ausruhen..."
Welche Art der Auswertung Sie vornehmen, hängt von Ihren Zielen ab. Wenn Sie die Phantasie als Mittel der Entspannung und Neufokussierung der Aufmerksamkeit verwenden, kann der Reaktionsaustausch am Ende sehr kurz sein, wie bei den Bewegungsspielen von Teil 1. Im übrigen signalisieren die Kinder selbst, was ihnen nach einem solchen Spiel wichtig ist.

Kapitel 1:
Rätselphantasien

Die Rätselphantasien führen die Kinder vorsichtig an geleitete Phantasiespiele heran. Sie erleben, daß sie sich entspannt hinlegen können, ohne dabei ängstlich sein zu müssen. Das eingebaute Rätsel gibt den Kindern einen klaren, wohlbekannten Fokus für ihre Aufmerksamkeit und einen Anreiz, einige Zeit still zu liegen oder zu sitzen. Und außerdem ist das Rätsel eine Herausforderung, überhaupt teilzunehmen, um das Rätsel zu lösen. Das ist besonders günstig für alle Kinder, die nicht das Privileg hatten, häufig Geschichten erzählt zu bekommen.
Sie können mit den Rätselphantasien den Kindern eine kurze Pause ermöglichen, in der sie sich entspannen und ihre Aufmerksamkeit neu fokussieren können. Genausogut eignen sich diese Kurzphantasien zur Vorübung längerer Phantasiereisen.
Bedenken Sie bitte, daß es nicht darauf ankommt, daß die Kinder das Rätsel "richtig" lösen. Ein Kind, das Ihre Beschreibung anders hört und mit etwas anderem identifiziert, hat meist gute Gründe dafür.
Nachdem Sie die Kinder durch eine der am Ende der Vorbemerkung skizzierten Entspannungseinleitungen geführt haben, können Sie zum Beispiel so beginnen:
"Ich werde euch ein Rätsel erzählen, und ihr könnt versuchen, das Rätsel zu lösen. Wir werden etwas ganz anderes sein als wir wirklich sind. Bleibt still liegen und hört genau zu, um herauszufinden, was ihr in dem Rätsel seid. Wenn ich fertig erzählt habe, werde ich herumgehen, und jeder von euch wird mir ins Ohr flüstern, was er im Rätsel war."

Sonne 1

Ziele

Wärme, Energie, Übersicht, Lebenskraft - das sind einige Qualitäten, über die das Unbewußte des Kindes nachdenken kann. Zudem ist die Sonne eine schöne Metapher, um Durchblutung und Wärmeempfinden anzuregen.

Teilnehmer

ab 3

Anleitung

Du bist ganz warm und hell. Morgens steigst du langsam auf in den Himmel. Mittags stehst du hoch über der Erde, und abends sinkst du langsam, langsam tiefer und tiefer, bis es dunkel geworden ist. Du sendest viele helle und wärmende Strahlen aus. Wenn die Menschen dich richtig sehen können, freuen sie sich.
Was bist du?...
(Gehen Sie herum und lassen Sie die Kinder ihre Antworten flüstern. Es gibt keine richtigen oder falschen Antworten. Wenn zum Beispiel jemand sagt: "Ich bin die Sonne", können Sie antworten: "Ja, daran habe ich auch gedacht". Wenn ein anderes Kind sagt:"Ich bin der Mond", können Sie sagen:"Schön, daß du dir den Mond vorgestellt hast." Ein Kind, das sich etwas anderes vorstellt, benutzt den Phantasierahmen eben auf freiere Weise und greift Anregungen auf, die zu ihm passen. Und manches Kind kann sich leichter mit dem Mond identifizieren als mit der Sonne.)

Auswertung

— Wie hat mir das Spiel gefallen?
— Was spüre ich jetzt?

Der Fluß 2

Ziele

Wenn Sie möchten, daß die Kinder sich beruhigen und erfrischen sollen, ist dieses eine wirksame Kurzphantasie.

Teilnehmer
ab 3

Anleitung
Du beginnst ganz oben auf einem einsamen Berg. Zuerst bist du ein riesengroßes Feld aus kühlem Schnee und Eis. Und an deiner tiefsten Stelle verwandelst du dich in klares Wasser, das an vielen Stellen aus dem Gletscher strömt und sich zu einem Gebirgsbach sammelt. Die Sonne glitzert in dir wie ein Edelstein. Je tiefer du fließt, desto lauter werden deine Töne. Zuerst machst du ein leises Plätschern, und allmählich bist du als Rauschen zu hören. Am Fuß der Berge angelangt, wirst du ganz breit. Du siehst nun schon anders aus und zeigst ein helles Grün. Je weiter du fließt, desto mächtiger wirst du. Du strömst langsamer und kannst auf dir sogar kleine und große Schiffe tragen.
Was bist du?...

Auswertung
— Wie hat mir das Spiel gefallen?
— Welche Stelle des Flusses mag ich besonders gern?

Grashüpfer 3

Ziele
Hier haben Sie eine reizvolle Möglichkeit für die Kinder, sich zu konzentrieren und kraftvoll zu fühlen.

Teilnehmer
ab 4

Anleitung
Du liegst ganz ruhig. Du liegst im hohen Gras. Es ist kühl und still dort, wo du bist. Niemand könnte dich leicht entdecken, weil du so aussiehst wie deine Umgebung. Du hast dieselbe Farbe wie das Gras. Du bist ziemlich leicht und hast sehr kräftige Hinterbeine. Du wartest und wartest, und ganz plötzlich springst du hoch in die Luft und landest weit entfernt, um eine kleine Fliege zu fangen.... Was bist du?...

Auswertung

— Wie hat mir das Spiel gefallen?
— Wie weit bin ich gesprungen?

Kerze 4

Ziele

Das Empfinden von Wärme, Energie und Lebendigkeit wird hier auf schöne Weise ermöglicht.

Teilnehmer

ab 4

Anleitung

Du kannst sehr verschieden aussehen, rot oder weiß, grün oder lila, gelb oder grün. Du kannst dick sein oder dünn. Manchmal stehst du auf einem Geburtstagstisch oder auf einem schön gedeckten Tisch. Wenn du angezündet wirst, hast du eine helle Flamme, die das Auge erfreut. Du verbreitest Licht und Wärme und erfreust die Menschen, die dich sehen. Was bist du?...

Auswertung

— Wie hat mir das Spiel gefallen?
— Welche Art Kerze bin ich?

Einfache Wolke 5

Ziele

Diese Vorstellung betont Leichtigkeit, Beweglichkeit und Freiheit.

Teilnehmer

ab 4

Anleitung

Du bist ganz, ganz weich wie Luft. Du hast keinen Körper, und niemand kann dich anfassen. Du schwebst ganz oben, oben am Himmel. Du bist flauschig und weiß. An Regentagen kannst du auch grau oder schwarz aussehen. Du kannst das Licht der Sonne in dir festhalten.
Was bist du?...

Auswertung

— Wie hat mir das Spiel gefallen?
— Welche Form hatte ich als Wolke?

Wolke und Regen 6

Ziele

Das hier verwendete Bild hilft manchen Kindern, Anspannungen, Sorgen, Belastung "abzuwerfen".

Teilnehmer

ab 4

Anleitung

Du schwebst in der Luft, ganz weich und flauschig, oben am Himmel. Du schwebst unter der Sonne dahin und fängst ihre Strahlen in dir auf. So wirst du selbst warm. Und nachts schwebst du unter den blinkenden Sternen. Du kannst sie zählen, aber es sind viel zu viele... Und langsam, langsam wirst du schwerer und schwerer, dunkler und dunkler und ganz feucht. Dann verwandelst du dich in kleine Tropfen. Sie fallen sanft auf die Erde und bilden an einigen Stellen kleine Pfützen.
Was warst du zuerst, und in was hast du dich verwandelt?...

Auswertung

— Wie hat mir das Spiel gefallen?
— Wie groß war ich als Wolke?
— Wieviel Regen hatte ich in mir?

Bett 7

Ziele

Wenn die Kinder selbst erschöpft sind oder erschrocken oder morgens noch nicht ganz wach, dann ist dies eine passende Hilfestellung.

Teilnehmer

ab 3

Anleitung

Du bist groß und weich, ein angenehmer Platz, wo man ausruhen kann. Du bist der Platz, wo wir uns am besten entspannen können. Du hast ein weiches Kissen für den Kopf und eine Decke, die uns warmhält. Auf dir können wir träumen und uns geborgen fühlen. Manchmal mögen wir dich gar nicht verlassen. Zugleich wartest du immer geduldig auf uns.
Was bist du?...

Auswertung

— Wie hat mir das Spiel gefallen?
— Was gefällt mir an meinem Bett am meisten?

Kirsche 8

Ziele

Diese Phantasie spricht viele Sinne an. Sie bietet eine befriedigende Möglichkeit, in eine ausgeglichene Stimmung zu gelangen.

Teilnehmer

ab 4

Anleitung

Im Frühjahr erfreust du die Menschen als schöne weiße Blüte. Wenn sie dich sehen, wissen sie, daß der Winter vorbei ist. Und im Sommer hängst du an einem Zweig an einem langen Stengel und schaukelst im Wind. Du

bist dann hellrot oder auch sogar schwarz. Wenn du reif bist, schmeckst du wunderbar erfrischend. Du bist saftig und süß. Und in dir ist ein schöner fester Kern, der übrigbleibt, wenn du mit Genuß gegessen wirst.
Was bist du?...

Auswertung

— Wie hat mir das Spiel gefallen?
— Was kann man alles mit Kirschkernen machen?

Schnee 9

Ziele

Sehr schön nach einer anstrengenden Aktivität.

Teilnehmer

ab 3

Anleitung

Du schwebst immer so sanft vom Himmel herab: weich und weiß. Du bist glücklich, so ruhig auf die Erde zu sinken zusammen mit vielen, vielen anderen Flocken. Du landest auf dem Boden und bildest mit den anderen Flocken eine weiße Decke. Und du schläfst, schläfst angenehm kühl und friedlich über allem auf dem Boden.
Was bist du?...

Auswertung

— Wie hat mir das Spiel gefallen?
— Welcher Teil meines Körpers ist jetzt ruhiger geworden?

Möwe 10

Ziele

Diese Phantasie betont das Empfinden von Leichtigkeit, Freiheit und Übersicht.

Teilnehmer
ab 4

Anleitung
Am liebsten bist du am Meer oder an den großen Flüssen und Seen in der Nähe des Meeres. Dort weht der Wind frisch, so daß du dich von ihm tragen lassen kannst. Leicht, leicht segelst du in der Luft, meist mit vielen anderen weißgefiederten Brüdern und Schwestern. Von oben kannst du alles überblicken. Manchmal läßt du dich hinabfallen, um dir einen Fisch aus dem Wasser zu holen.
Was bist du?...

Auswertung
— Wie hat mir das Spiel gefallen?
— Wie fühlen sich meine Arme an?

Wiese *11*

Ziele
Lebendigkeit, Vielfalt, Sicherheit vermittelt die hier angeregte Vorstellung.

Teilnehmer
ab 3

Anleitung
Du bist groß und grün, und die Bauern brauchen dich. Stadtmenschen lieben dich auch, weil du im Sommer ein wunderbarer Platz bist, um auszuruhen und zu träumen. Mit vielen verschiedenen Blüten lockst du die summenden Bienen an, und deine vielen Grashalme duften würzig. Du bist die Heimat für viele, viele kleine Tiere. Es ist so viel verborgenes Leben in dir.
Was bist du?...

Auswertung

— Wie hat mir das Spiel gefallen?
— Welche kleinen Tiere leben in einer Wiese?

Segelboot 12

Ziele

Die Vorstellung, gehalten und gewiegt zu werden, knüpft an alte Erfahrungen und Sehnsüchte der Kinder an. Besonders schön, um Zuversicht, Ruhe und Optimismus anzuregen.

Teilnehmer

ab 4

Anleitung

Du treibst im Wasser und schaukelst leicht hin und her, hin und her. Das Wasser ist so angenehm warm und weich. Sanfte, kleine Wellen kommen und stoßen dich an, wiegen dich. Du bist fest und stark. Die Sonne scheint und wärmt das Holz, aus dem du gebaut bist. Dann kommt Wind auf und bläst dich sanft hinaus auf die See. Deine große Leinwand nimmt den Wind auf und bewegt dich langsam weiter.
Was bist du?...

Auswertung

— Wie hat mir das Spiel gefallen?
— Welchen Teil meines Körpers spüre ich jetzt besonders?

Welle 13

Ziele

Diese Vorstellung hilft den Kindern, Ruhe zu finden und ihre Energie langsam zu erneuern.

Teilnehmer
ab 4

Anleitung
Es ist ganz ruhig dort, wo du bist. Die Sonne scheint auf dich und läßt dich glitzern. In dir schwimmen kleine Fische, und Kinder tauchen durch dich hindurch. Friedlich und sanft schwingst du hin und her. Langsam, langsam wird die See bewegter, und du wirst größer. Du wirst breiter, größer und größer. Du wirst runder und runder und höher und höher, bereit, dich zu überschlagen. Dann überschlägst du dich und rollst auf den Strand, weit hinauf — und dann zurück in die See, zurück in die Ruhe des Anfangs.
Was bist du?...

Auswertung
— Wie hat mir das Spiel gefallen?
— Wie hoch war ich als Welle?

Herz 14

Ziele
Diese Phantasie hilft den Kindern, sich zu konzentrieren und gleichzeitig den Kontakt zu anderen vorzubereiten. Schön am Ende einer Arbeitsphase.

Teilnehmer
ab 4

Anleitung
Atme ein... atme aus... atme ein... atme aus... In dir schlägt etwas, bumm, bumm... schlägt immer, Tag und Nacht. Wenn du einatmest, wenn du ausatmest. Es pumpt und pumpt die ganze Zeit. Bumm, bumm. bumm... Es hat einen Rhythmus, mal langsamer, mal schneller... Seine Farbe ist rot. Es ist die Quelle deines Lebens, und es läßt dich lieben.
Was ist es?...

Auswertung

— Wie hat mir das Spiel gefallen?
— Wie schlägt mein Herz jetzt?

Schildkröte *15*

Ziele

Ruhe, Beschütztsein und Stärke vermittelt diese Phantasie.

Teilnehmer

ab 4

Anleitung

Stell dir vor, daß du dich in ein Tier verwandelt hast. Du bist ziemlich klein und läufst durch hohes Gras. Du bewegst dich dicht über dem Boden und immer ganz langsam... Nun ist es Zeit, um zu Bett zu gehen. Innen drin in deinem Haus kannst du den Kopf etwas bewegen. Und dein Haus hat die Form einer halben Walnußschale. Es ist fest und so stark, daß ein Erwachsener darauf stehen kann... Nun ist es Zeit, daß du Gute Nacht sagst und wunderbar beschützt in deinem Haus schläfst.
Was bist du?...

Auswertung

— Wie hat mir das Spiel gefallen?
— Wo haben Menschen einen Panzer?

Kapitel 2: Kurze Entspannungs-phantasien

Die kleinen, einfachen Phantasien dieses Kapitels geben den Kindern Gelegenheit, entspannende, angenehme Vorstellungen zu entwickeln. Während die Rätselphantasien einen spezifischen Fokus benutzen, lassen diese Kurzphantasien den Kindern mehr Freiheit. Sie können die Vorgabe ganz individuell augestalten und in jede gewünschte Richtung entwickeln.

Wenn Sie wenig Zeit haben, bieten diese Kurzphantasien eine gute Möglichkeit, eine gewisse Entspannung herbeizuführen. Oder Sie benutzen diese Phantasien als erste Schritte in einem mehrstufigen Entspannungsprozeß, dem Sie dann andere entspannende Aktivitäten folgen lassen (zum Beispiel eine Bewegungsübung, eine längere Phantasie, eine Atemübung etc.).

Gehen Sie auch hier wieder von Kind zu Kind und lassen Sie sich ins Ohr flüstern, was sich das Kind vorgestellt hat. Beginnen Sie wieder mit der am Ende der Vorbemerkung skizzierten Entspannungsvorbereitung. Und leiten Sie dann mit einer sanften, beruhigenden Stimme die Phantasie ein:

"Wenn wir die Augen schließen, dann können wir uns so viel Schönes vorstellen. Gleich werdet ihr von mir etwas hören, mit dem ihr machen könnt, was ihr wollt. Ihr könnt es vergessen und einfach ausruhen. Ihr könnt etwas damit erleben, ihr könnt darüber nachdenken. Nach einer kleinen Weile werde ich herumgehen, und jeder von euch wird mir ins Ohr flüstern, was er gemacht hat."

Haustier 16

Ziele

Die Identifikation mit einem schlafenden, glücklichen Tier, das an seinem Lieblingsplatz liegt, hilft den Kindern, innerlich zur Ruhe zu kommen und sich zu regenerieren.

Teilnehmer

ab 4

Anleitung

Stell dir vor, daß du irgendein weiches, wolliges Haustier bist. Du liegst auf einem kleinen Teppich in der Nähe der Heizung, vielleicht am Ofen oder beim Feuer eines Kamins, ganz gemütlich und geborgen... Du schläfst friedlich an deinem Lieblingsplatz, und dein weiches, dichtes Fell hält dich warm, während du schläfst... Die Geräusche, die du hörst, kommen ganz, ganz leise an dein Ohr. Du bist so zufrieden, während du da liegst.
Was bist du?...

Auswertung

— Wie hat mir das Spiel gefallen?
— Wo habe ich als Haustier meinen Lieblingsplatz?

Zauberteppich 17

Ziele

Hier können die Kinder ihre innere Balance auf klassische Weise wiedergewinnen. Sie gehen in der Phantasie an einen Platz, den sie wirklich mögen.

Teilnehmer

ab 5

Anleitung

Stell dir vor, daß du einen Zauberteppich hast, schön groß, so daß du darauf bequem liegen oder sitzen kannst. Ein Zauberteppich aus weicher Wolle mit schönen Farben. Und der Zauberteppich kann dich überall hinbringen, wo du sein möchtest. Und du kannst bestimmen, ob der Zauberteppich dich ganz schnell dort hinbringt oder vielleicht so langsam, daß du die Reise genießen kannst. Wohin soll dich der Zauberteppich bringen? Wo möchtest du jetzt sein? Wie ist es dort? Wo bist du?...

Auswertung

— Wie hat mir das Spiel gefallen?
— Wie sah mein Zauberteppich aus?

Pfeil *18*

Ziele

Diese Phantasie betont die Freiheit und Kraft des Kindes und seinen Wunsch, selbst zu entscheiden.

Teilnehmer

ab 6

Anleitung

Stell dir vor, daß du ein Pfeil bist, der hoch oben am Himmel fliegt. Von einem großen Bogen wurdest du in Schwung gebracht. Du fliegst über unser Haus, ganz hoch darüber hinweg. Und du gleitest schnell, sicher und bestimmt. Dein Weg führt über Wälder, Flüsse und Berge.
Wo möchtest du landen?...

Auswertung

— Wie hat mir das Spiel gefallen?
— Wie sah mein Pfeil aus?

Ein schöner Tag 19

Ziele

Die Phantasie bringt die Kinder in Kontakt mit ihren eigenen Wünschen. Zuversicht und Freude werden betont.

Teilnehmer

ab 4

Anleitung

Stell dir vor, daß du ganz glücklich in deinem Bett liegst. Decke und Kissen fühlen sich so weich und schön an. Du atmest ganz tief, vielleicht seufzt du sogar ein paarmal, weil es so schön ist. Ein wunderbarer Tag ist zu Ende gegangen. Ein Tag, an dem du sehr glücklich warst und zufrieden.
Was ist an diesem Tag geschehen? Was hast du erlebt?

Auswertung

— Wie hat mir dieses Spiel gefallen?
— Wie atme ich, wenn ich glücklich bin?

Ein Tier des Waldes 20

Ziele

Die Phantasie betont die Nähe zur Natur und das Eingebettetsein in einen Kontext, der Geborgenheit und Freiheit symbolisiert.

Teilnehmer

ab 5

Anleitung

Stell dir vor, daß du ein Tier bist, das im Wald lebt. Unter all den hohen, hohen Bäumen. Du steigst auf einen großen Felsbrocken, der von der Sonne ganz warm geworden ist. Du legst dich in eine kleine Mulde, ganz bequem, um etwas zu schlafen in der Sonne. Alle deine Freunde, die

anderen Waldtiere, sind an ihren Plätzen. Die Vögel und Grillen singen dich in den Schlaf. Alles ist so angenehm und friedlich. Du bist ganz entspannt und zufrieden in deiner Heimat im Wald.
Welches Tier bist du?...

Auswertung

— Wie hat mir das Spiel gefallen?
— Wie liegt mein Tier, wenn es ganz entspannt ist?

Unsichtbar 21

Ziele

Diese Vorstellung schaltet einen manchmal überaus starken Streßfaktor aus, die soziale Kontrolle. Betont wird das Recht des Kindes, eigene Wünsche und Erfahrungen zu haben, die nicht von Erwachsenen geprägt oder kontrolliert werden.

Teilnehmer

ab 6

Anleitung

Stell dir vor, daß du eine Tarnkappe gefunden hast. Wenn du sie aufsetzt, bist du ganz und gar unsichtbar. Du selbst kannst alles sehen, aber niemand kann dich sehen. Und wenn du die Tarnkappe abnimmst, bist du wieder sichtbar.
Was würdest du tun, wenn du durch deine Tarnkappe unsichtbar bist?

Auswertung

— Wie hat mir das Spiel gefallen?
— Wie sah meine Tarnkappe aus?

Samenkorn 22

Ziele

Diese Phantasie betont den Wachstumsprozeß des Kindes, seine Kraft und sein Recht auf Veränderung, Selbständigkeit und Expansion.

Teilnehmer

ab 4

Anleitung

Stell dir vor, daß du ganz, ganz klein bist... ein kleines Samenkorn, das in der Erde liegt. Um dich herum ist warme Erde, die sich weich und schützend anfühlt. Sie gibt dir Nahrung. Das weiche Wasser des Regens und die Wärme der Sonne tun dir gut und helfen dir zu wachsen... Und ganz, ganz langsam fängst du an zu wachsen. Du bekommst Wurzeln, und oben wächst du langsam aus der Erde heraus... Du wirst größer und größer mit jedem Tag... Du wächst aus der Erde, groß und stark.
Und was bist du?...

Auswertung

— Wie hat mir das Spiel gefallen?
— Wie groß war ich als Samenkorn?

Brieftaube 23

Ziele

Das große Kommunikationsbedürfnis der Kinder wird hier auf poetische Weise berücksichtigt. Jedes Kind kann in Kontakt mit seinen Wünschen kommen und sich selbst bestätigen, daß Wünsche auch in Erfüllung gehen können — auch wenn es zunächst in der Phantasie geschieht.

Teilnehmer

ab 6

Anleitung

Stell dir vor, daß du an einem offenen Fenster sitzt. Die Luft ist angenehm warm, und du atmest tief und ruhig. Die Luft duftet angenehm, und du hast das Gefühl, daß irgend etwas Schönes geschehen wird... Auf einmal hörst du den Flügelschlag eines Vogels. Eine Brieftaube flattert ans Fenster und legt einen kleinen Zettel auf die Fensterbank.
Von wem kommt diese Botschaft? Was steht auf dem Zettel?

Auswertung

— Wie hat mir das Spiel gefallen?
— Wem würde ich selbst gern eine Brieftaube schicken?

Wasserwelt 24

Ziele

Das Empfinden von Freiheit, Schwerelosigkeit und Ruhe wird in dieser Phantasie sehr schön vermittelt.

Teilnehmer

ab 4

Anleitung

Stell dir vor, daß du im Wasser bist, wo es warm und hell ist. Wasserpflanzen bewegen sich, schwingen hin und her; Fische mit leuchtenden Farben glitzern im Sonnenlicht. Du gleitest durch das Meer. Du kannst ganz frei herumschwimmen.
Was bist du?...

Auswertung

— Wie hat mir das Spiel gefallen?
— Auf welche Weise habe ich mich bewegt?

Zauberfinger 25

Ziele

Nicht nur Kinder wünschen sich, zaubern zu können. In einem Alter, wo die Entdeckung eigener Wünsche zu den wichtigen psychologischen Entwicklungsaufgaben gehört, ist dies eine schöne, poetische Annäherung an die Seele des Kindes.

Teilnehmer

ab 5

Anleitung

Stell dir vor, daß einer deiner Finger ein Zauberfinger ist. Wenn du mit diesem Finger etwas berührst, kannst du es verwandeln. Du kannst aus einer Tasse ein Stück Kuchen machen, aus einem Stein einen kleinen Hund.

An welcher Hand möchtest du den Zauberfinger haben? Links oder lieber rechts?... Und welcher Finger soll zaubern können?... Was möchtest du verzaubern?...

Auswertung

— Wie hat mir das Spiel gefallen?

— Wie fühlte sich die Berührung mit meinem Zauberfinger an?

Zauberschlüssel 26

Ziele

Kinder sind ständig damit befaßt, nach "Schlüsseln" zu suchen, die ihnen die Türen zu neuen Skills, Einsichten, zu wichtigen Menschen öffnen. Betont wird hier die Möglichkeit, daß das Kind immer wieder Schlüssel findet und benutzen kann, die ihm den Zugang ermöglichen zu allem, was es im Leben braucht.

Teilnehmer

ab 5

Anleitung

Stell dir vor, daß du auf einem Ausflug auf dem Lande bist. Du kommst an einer alten Schmiede vorbei. Der Schmied ist kein gewöhnlicher Schmied. Er schenkt dir einen Zauberschlüssel, mit dem du jede Tür öffnen kannst.
Welche Tür möchtest du zuerst öffnen?... Was würdest du dahinter finden?...

Auswertung

— Wie hat mir das Spiel gefallen?
— Wie sieht mein Zauberschlüssel aus?

Fliegen 27

Ziele

Beweglichkeit, Leichtigkeit, Abstand und Kompetenz werden in dieser Phantasie gefördert.

Teilnehmer

ab 4

Anleitung

Stell dir vor, daß du nach oben schwebst und beginnst, durch die Luft zu gleiten. Du bist etwas, was am Himmel fliegen kann. Und du fliegst sehr elegant und anmutig. Im Nu bist du über unsere Stadt hinweggeflogen. Du fliegst glücklich und ruhig am Himmel dahin. Das Sonnenlicht glitzert auf deinem Körper. Vielleicht fliegst du auch Kurven und tauchst durch die Wolken hindurch, bis du sicher und gekonnt auf dem Boden landest...
Wo möchtest du landen?... Was willst du dort tun?...

Auswertung

— Wie hat mir das Spiel gefallen?
— Welche Art zu fliegen fand ich besonders angenehm?

Delphin 28

Ziele

Hier wird ein freundlicher Helfer vorgestellt, der dem erschöpften Kind Beistand und Anregung gibt.

Teilnehmer

ab 6

Anleitung

Stell dir vor, daß du schon lange im Wasser geschwommen bist. Du bist müde geworden... Ein Delphin hat bemerkt, daß du etwas erschöpft bist. Er bietet dir an, auf ihm zu reiten. Du läßt dir helfen.
Wohin bringt dich der Delphin?... Was siehst du alles?...

Auswertung

— Wie hat mir das Spiel gefallen?
— Wie habe ich mich von dem Delphin tragen lassen?

Geschenk 29

Ziele

Kinder müssen lernen, mit den Überraschungen des Lebens fertig zu werden. Geschenke symbolisieren die angenehmen Überraschungen, die beitragen, auch die unangenehmen Ereignisse tragen zu können.

Teilnehmer

ab 6

Anleitung

Stell dir vor, daß du in einer fremden Stadt bist. Es ist ein schöner Tag, und du gehst neugierig durch die Straßen. Viele Menschen begegnen dir, einige lächeln dich an. Du bewegst dich locker. Auf einem Platz stehen einige Leute. Und jemand, den du noch nie zuvor gesehen hast, geht auf

dich zu und gibt dir ein Geschenk.
Was ist es?... Warum hat diese fremde Person dich beschenkt?...

Auswertung

— Wie hat mir das Spiel gefallen?
— Was kann ich mit dem Geschenk machen?

Räder 30

Ziele

Betont wird wieder die Beweglichkeit des Kindes, seine Kompetenz, sein Durchhaltevermögen und seine Neugier.

Teilnehmer

ab 4

Anleitung

Stell dir vor, daß du diesmal etwas bist, das nicht lebendig ist. Du bewegst dich über den Boden und rollst und rollst. Du bist etwas mit Rädern. Und die Menschen können dich schieben oder in dir fahren... Deine Räder drehen und drehen sich. Sie bringen dich zu vielen Plätzen. Du fährst dahin, wohin du willst. Im Innern bist du ruhig.
Was bist du, und wohin fährst du?...

Auswertung

— Wie hat mir das Spiel gefallen?
— Wie habe ich mich als Fahrzeug bewegt?

Blume 31

Ziele

Betont wird der Wunsch des Kindes, geschätzt und — in gewissen Grenzen — auch gebraucht zu werden.

Teilnehmer
ab 4

Anleitung
Stell dir vor, daß du eine Blume bist, die in der warmen Sommersonne wächst. Weiche Regentropfen fallen auf deine Blütenblätter. Der Regen erfrischt und nährt dich. Und leichter Wind wiegt dich sanft hin und her. Du stehst in einem großen Feld mit vielen anderen, hell leuchtenden Blumen...
Stell dir vor, daß du immer weiter wächst und immer älter wirst. Irgendwann würden deine Blüten welken. Zum Glück kommt jemand vorbei, den du magst. Er pflückt dich und nimmt dich mit nach Hause und stellt dich in eine wunderschöne Vase.
Welche Art Blume bist du?... Und wer darf dich pflücken?...

Auswertung
— Wie hat mir das Spiel gefallen?
— Wie sehen die Blüten meiner Blume aus?

Die Mauer 32

Ziele
Diese Phantasie betont Ruhe, Stabilität und die Wichtigkeit persönlicher Wünsche.

Teilnehmer
ab 6

Anleitung
Stell dir vor, daß du an einem schönen Tag spazierengehst. Du gehst an einer Mauer entlang. Irgendwo ist ein Durchgang in der Mauer oder eine Art Treppe, die über die Mauer führt. Auf der anderen Seite der Mauer ist irgend etwas, das du brauchst oder das du dir wünschst. Du kannst auf die andere Seite gehen und es dir holen.
Was bringst du zurück?...

Auswertung

-- Wie hat mir das Spiel gefallen?

-- Wie sah meine Mauer aus?

Kapitel 3: *Phantasien zur vertieften Entspannung*

Diese längeren Phantasien führen das Kind tiefer in den Bereich innerer Stille. Sie erzeugen eine dichte Atmosphäre und helfen dem Kind, sich noch tiefer zu entspannen. Wenn die Kinder mit Hilfe der Kurzphantasien der ersten beiden Kapitel an den Prozeß der Imagination gewöhnt sind, werden sie hier Gelegenheit haben, Ruhe, Konzentration und Zuversicht zu finden.

Wenn die Kinder mit diesen längeren Phantasien die ersten Male experimentieren, ist es angebracht, sie ausführlicher von ihren Erfahrungen berichten zu lassen. Bei jüngeren Kindern kann es dagegen angebracht sein, daß Sie wieder herumgehen und sich die Reaktionen des einzelnen Kindes ins Ohr flüstern lassen.

Benutzen Sie auch hier die Entspannungsschritte aus der Vorbemerkung, und sprechen Sie langsam, in einer abgesenkten, "magischen" Stimmlage.

Wellen 33

Ziele

Innere Stille, Harmonie und Konzentration kann das Kind empfinden, wenn es von der hier verwendeten Metaphorik erreicht wird.

Teilnehmer

ab 6

Anleitung

Wenn du meiner Stimme zuhörst, kannst du entscheiden, wie deutlich du sie vernehmen willst. Und du kannst dich an Zeiten erinnern, wo du am Wasser gestanden hast, an Seen, Flüssen, am Meer, an Bächen oder Brunnen. Und du kannst dir vorstellen, daß es in dir einen kleinen, stillen See gibt... einen friedlichen, klaren See, der mit frischem und ruhigem Wasser gefüllt ist, Wasser mit einer angenehmen Temperatur... Und du kannst diese Stille und Ruhe in dir spüren... Und nun kannst du probieren, einen kleinen Stein mitten in den See zu werfen und zu empfinden, wie sich die kleinen Wellen langsam und sanft von der Mitte ausbreiten, um langsam das Ufer zu erreichen...

Möchtest du noch einen kleinen Stein in den See werfen?...

Und an das Gefühl der Ruhe in dir kannst du dich erinnern, wenn du dich gern ruhig und friedlich fühlen möchtest... Wenn du gleich die Augen öffnest, kannst du dich erfrischt und ruhig fühlen...

Auswertung

— Wie hat mir das Spiel gefallen?

— Welche Teile meines Körpers spüre ich jetzt besonders?

Wasserfall 34

Ziele

Die hier eingesetzte Metaphorik hilft den Kindern, sich geistig und körperlich zu erfrischen. Schön nach einer anstrengenden Aktivität.

Teilnehmer
ab 6
Anleitung
Manchmal möchten wir gern ein Bad nehmen oder eine Dusche, um alle Anstrengungen abzuspülen, um uns wieder frisch zu fühlen. Stell dir vor, daß du vor einem großen Wasserfall stehst. Feiner Wasserstaub kommt herab, und in den vielen sanften Tröpfchen glitzert das Licht der Sonne... Angenehm kühlend erreicht dich der feine Wasserstaub. Möchtest du weiter hineingehen?...
Du kannst Dich von all den Wassertröpfchen einhüllen lassen wie von einem durchsichtigen Schleier aus Ruhe und Frische... Und die kleinen Tropfen prickeln auf deiner Haut und waschen alles ab, was dich bekümmert...
Und nun kannst du ein paar Schritte zurückgehen und eine Sonnendusche nehmen. Du kannst die sanften, warmen Sonnenstrahlen mit deinem Gesicht, mit deinem Körper auffangen und spüren, wie du lebendig und munter wirst...
Gibt es eine Stelle, die besonders gern gewärmt werden möchte?...

Auswertung
— Wie hat mir das Spiel gefallen?
— Wie geht es mir jetzt?

Korken auf dem Wasser 35

Ziele
Sehr schön wird hier die angeborene Widerstandskraft des Kindes betont, seine Fähigkeit, vielen Gewalten zu trotzen und nicht unterzugehen. Das Empfinden von Zuversicht, Selbstsicherheit und innerer Ruhe kann sich im Laufe dieser Phantasie einstellen.

Teilnehmer
ab 8

Anleitung

Stell dir vor, daß du ein Korken bist, der irgendwo auf einem riesigen Ozean schwimmt... ein Korken, der immer oben auf dem Wasser treibt. Wie groß möchtest du als Korken sein, und wie möchtest du aussehen?... Du hast keine Richtung, kein besonderes Ziel, keine Aufgaben... Du treibst dahin, wo Wind und Wasser dich hinbringen. Und große Wellen können dich für einige Augenblicke unter Wasser drücken, aber du steigst immer aufs Neue an die Oberfläche des Wassers empor. Kannst du es genießen, so zu treiben, sanft und wild geschaukelt zu werden?... Kannst du die Wärme der Sonne spüren? Den prasselnden oder sanften Regen? Das weiche Kissen des Wassers?... Und möchtest du irgendwo an den Strand gespült werden?... Wer soll dich finden?...

Auswertung

— Wie hat mir das Spiel gefallen?
— Welche Art Korken bin ich gewesen?

Traum einer Feder 36

Ziele

Leichtigkeit, Beweglichkeit und Abenteuerlust werden in dieser schönen Entspannungsphantasie suggeriert.

Teilnehmer

ab 5

Anleitung

Stell dir vor, daß du in deinem eigenen Bett liegst. Du kennst das Bettzeug, es ist weich und duftet vertraut. Die Decke ist warm und anschmiegsam. Um dich herum sind alle Dinge, die du besonders gern hast. Du bist schon ganz müde und schläfst schnell ein. Und du fängst an zu träumen. Du träumst, daß du so entspannt und locker bist, daß du dich in eine kleine Feder verwandelst, in eine weiche, weiße Feder...
Und du bist so leicht und luftig, daß du vom Bett emporsteigst und langsam im Zimmer herumschwebst. Das Fenster geht auf, und ein zarter Luftzug trägt dich behutsam nach draußen... Als kleine, weiße Feder

beginnst du einen Abenteuerflug...
Ruhig schwebst du nach oben, wo der Himmel blau ist und die Sonne auf dir glitzert. Und du kannst zu einem Platz fliegen, wo du gern hinmöchtest. Wohin möchtest du fliegen? Du kannst dort eine Weile sein...
Nun machst du dich auf den Rückweg. Du fliegst unter dem blauen Himmel zurück... zurück durch das Fenster... im Zimmer herum... und zurück in dein Bett...
Langsam wachst du aus dem Traum auf, bist wieder du selbst, hier in diesem Zimmer, wo wir alle sind. Behalte im Gedächtnis, wo du warst, und flüstere es mir gleich ins Ohr...

Auswertung

— Wie hat mir das Spiel gefallen?
— Was spüre ich jetzt?

Honigfeld 37

Ziele

Ruhige, konzentrierte Heiterkeit wird durch die hier benutzte Metaphorik vermittelt, die alle Sinne des Kindes einbezieht.

Teilnehmer

ab 5

Anleitung

Stell dir vor, daß du über ein ganz, ganz großes Feld gehst, das mit Honig bedeckt ist. Der Honig glitzert in der Sonne. Er liegt so dick auf dem Feld, daß du bis zu den Knien im Honig stehst, und der Honig fühlt sich warm und klebrig an... Er duftet so gut, und wenn du magst, kannst du etwas davon probieren...
Wenn du durch den Honig gehst, mußt du deine Beine kräftig anheben, weil der Honig Füße und Beine so angenehm nach unten zieht. Der Honig ist so dick, daß du nur langsam gehen kannst, ganz, ganz langsam. Und deine Beine gehen rauf und runter, sehr langsam...
Und nun kannst du allein ohne meine Stimme weitergehen... Spüre selbst den dicken Honig, der überall ist, in der Luft, auf den Bänken... Rieche

seinen Duft... Nach einer langen Weile bist du über das Honigfeld gegangen und dort angekommen, wo kein Honig mehr ist. Ich werde herumgehen, und du wirst mir ins Ohr flüstern, wie du dich jetzt fühlst. Dann kannst du zurückkommen in diesen Raum, wo wir alle sind und dich noch etwas ausruhen auf dem Boden...

Auswertung

— Wie hat mir das Spiel gefallen?
— Wie fühle ich mich jetzt?

Ein Klang *38*

Ziele

Erproben Sie diese Phantasie, nur wenn die Gruppe in einem wirklich ruhigen Raum arbeitet. Größere Kinder können sich dann sehr entspannen und ihren Geist klären.

Teilnehmer

ab 8

Anleitung

Stell dir vor, daß du in einem Raum liegst, der von Wand zu Wand ganz mit weichen, bunten Kissen ausgelegt ist. Laß es einen hellen Raum sein, in den die Sonne durch das Fenster hineinstrahlt. Und das Besondere an diesem Raum ist, daß es überhaupt keine Geräusche dort gibt. Du kannst nichts hören.
Ich werde gleich aufhören zu sprechen, so daß du dir vorstellen kannst, in diesem Raum ohne Geräusche zu sein...
Nun stell dir vor, daß viele Stunden in dem stillen Raum mit all den Kissen vergangen sind. Und mit einem Mal hörst du einen Ton. Vielleicht erst leise und dann lauter. Was mag das für ein Ton sein? Wenn du diesen Ton vernommen hast, kannst du wieder zu uns zurückkommen. Ich werde herumgehen, und du kannst mir ins Ohr flüstern, welchen Ton du gehört hast...

Auswertung
— Wie hat mir das Spiel gefallen?
— Wie habe ich das Schweigen im Raum empfunden?

Reise eines Blattes *39*

Ziele
Geborgenheit im natürlichen Ablauf der Dinge, Richtung und Abenteuersinn werden in dieser längeren Phantasiereise betont.

Teilnehmer
ab 7

Anleitung
Stell dir vor, daß du ein Blatt bist, das an einem Baum hängt. Es ist Herbst geworden, und du hast dich goldgelb gefärbt. Ein sanfter Wind bläst dich von deinem Zweig, und du schwebst langsam zu Boden. Und eine Zeit liegst du so bequem da. Du bist ein wunderschönes, goldenes Blatt...
Und der Wind kommt wieder und schickt dich auf eine lange Reise. Er bläst dich in einen Fluß im Gebirge. Es ist das erste Mal, daß du im Wasser schwimmst. Du spürst, wie frisch und weich das Wasser ist. Und andere Blätter schwimmen neben dir den Fluß hinunter. Und du gleitest und gleitest weiter...
Jetzt gleitest du gegen einen großen Felsbrocken, der dich hält. Du kannst dich in aller Ruhe etwas sonnen. Dann kommt ein großer Ast vorbei, der dich anstößt und wieder weiterschwimmen läßt. Und unter dir schwimmen kleine Fische, und über dir tanzen Mücken in der warmen Luft...
Und diese Art zu reisen ist neu für dich und ein kleines Abenteuer. All das Neue, was du siehst! Und das Wasser kühlt dich, und die Herbstsonne wärmt dich von oben...
Und nun fängst du an, dich zu drehen wie auf einem Karussell. Du bist mit vielen anderen Blättern in einen Strudel gekommen. Und vielleicht ist dir schon ein wenig schwindelig. Zum Glück kommt ein großer, grüner Frosch, der neben dir ins Wasser springt. Er stößt dich an, so daß du weiter auf dem Wasser den Fluß abwärts treiben kannst...
Und stell dir vor, wie du immer weiter und weiter treibst...

Und wenn du bereit bist, komm zu uns allen zurück und ruh dich ein wenig aus von deiner Reise...

Auswertung

— Wie hat mir das Spiel gefallen?
— Wie fühle ich mich jetzt?

Der Himmel 40

Ziele

Das Empfinden von Stille und Weite wird in dieser sehr schönen Phantasie suggeriert. Nach angestrengter Arbeit und viel Kontakt mit anderen können sich die Kinder hier wieder regenerieren und ihre eigene Sphäre neu etablieren.

Teilnehmer

ab 8

Anleitung

Stell dir vor, daß du an einem Sommertag in einer Wiese liegst. Es ist nachmittags, und du spürst das sanfte, weiche Gras unter dir... und alles duftet so gut!... Du liegst auf dem Rücken und blickst in den Himmel, der klar, durchsichtig und tief blau schimmert. Und deine Augen ruhen sich aus in diesem angenehmen Blau...
Und du siehst einen Schmetterling, federleicht und mit schön gezeichneten Flügeln. Dann ist der Schmetterling auch schon wieder verschwunden. Und hoch am Himmel zieht ein großer Vogel seine Kreise. Und du folgst ihm mit den Augen hoch oben in der Tiefe des Himmels. Und noch höher, weit über dem Adler zieht eine kleine weiße Wolke über den Himmel. Du schaust ihr nach und siehst, wie sie sich auflöst. Und dann ist über dir nur der Himmel, so weit, so sanft, so still...
Und wenn du diese Ruhe genossen hast, kannst du langsam zu uns zurückkommen und noch etwas am Boden ausruhen...

Auswertung

— Wie hat mir das Spiel gefallen?

Wanderung im Gebirge 41

Ziele

Diese ausgezeichnete Phantasiereise bestärkt die Kinder in ihrer Bereitschaft, die Abenteuer ihres Lebens zu bestehen. Betont werden Selbstvertrauen und Zuversicht, Naturnähe und innere Konzentration.

Teilnehmer

ab 8

Anleitung

Stell dir vor, daß du eine lange, lange Wanderung beginnst. Du gehst ganz allein, um einen hohen Berg zu besteigen, den du schon längere Zeit betrachtet hast. Und du weißt ganz sicher, daß es nicht unmöglich oder gefährlich ist, weil du tief innen willst, daß du den Gipfel erreichst. Darum spürst du Kraft und Sicherheit.

Und zuerst gehst du über eine Wiese, auf der schöne blaue und gelbe Blumen stehen. Dann folgst du einem schmalen Pfad, der am Berg hinaufführt, sich in vielen Schleifen weiter und weiter hinaufwindet. Und du hast noch viel Kraft, weil du Lust hast zum Wandern und weil du den Gipfel erreichen willst.

Auf einer Holzbrücke überquerst du einen kleinen Fluß. Das mußt du viele Male tun, während du höher und höher kommst. Jetzt gehst du durch einen Wald, der frisch und harzig duftet. Tiere rascheln im Gebüsch...

Dann ist der Wald zu Ende, und du gehst über Wiesen und Geröll, beschienen von der Sonne. An einem kleinen Bach bückst du dich und trinkst ein wenig. Es ist nicht mehr weit. Du bist fast oben.

Schließlich kommst du zum Gipfel. Um dich herum blauer Himmel. Wen oder was kannst du oben auf dem Gipfel sehen? Was geschieht dort? Ruhe dich dort oben etwas aus, auf dem Berggipfel, den du erreicht hast...

Ich werde herumgehen, und du kannst mir sagen, was du oben erlebt hast. Und dann komm wieder herab zu uns allen in diesen Raum und ruh dich noch etwas am Boden aus...

Auswertung

— Wie hat mir das Spiel gefallen?
— Was spüre ich nach dieser langen Wanderung?

Am Strand 42

Ziele

Diese intensive Naturphantasie kann älteren Kindern ein tiefes Gefühl von Ruhe und Frieden vermitteln. Besonders schön am Ende eines Tages.

Teilnehmer

ab 8

Anleitung

Stell dir vor, daß du am Strand spazierengehst an einem Sommertag, und es ist sehr, sehr heiß. Die Sonne wandert tiefer, es ist die Stunde vor Sonnenuntergang. Der Himmel leuchtet in tiefem Blau, der Sand glitzert weiß im warmen Licht, und die Sonne strahlt in tiefem Gelb. Du spürst, wie die Sonnenstrahlen dein Gesicht wärmen, der heiße Sand gibt all die Wärme an die Luft, die er am Tag in sich aufgenommen hat.
Du gehst barfuß am Wasser entlang. Kannst du den festen, feuchten Sand unter deinen Füßen spüren? Kühl spielt das Wasser um deine Füße. Du hörst das Rauschen der Wellen, du riechst das Salz des Wassers, du schmeckst es auf deinen Lippen, die feinen, salzigen Wassertröpfchen. Und du gehst und gehst...
Und auf einer kleinen Düne setzt du dich in den Sand. Das Meer ist jetzt wie ein silberner Spiegel, ein Meer von weißem Licht. Und langsam siehst du, wie sich die Farben ändern. Rote und violette Flecken, der Horizont wird purpurrot, und die Sonne beginnt zu sinken. Tiefer und tiefer sinkt sie hinab, und tiefer und tiefer wird die Ruhe in dir. Der Himmel wird blutrot, scharlachrot, goldfarben, bernsteinfarben. Allmählich bist du selbst eingehüllt in das dunkle Blau der Nacht. Und du schaust nach oben auf den Nachthimmel. Der Himmel ist so klar, und du siehst all die Sterne. Und du atmest tief die kühle Nachtluft. Und mit jedem Atemzug spürst du dich weiter und sicherer und glücklicher...
Und wenn du bereit bist, komm zu uns zurück hier in diesen Raum...

Auswertung

— Wie hat mir das Spiel gefallen?
— Was empfinde ich jetzt?

Der Leuchtturm 43

Ziele

Der Leuchtturm ist eine schöne Metapher, mit der Sie die Kinder stabilisieren können, wenn diese sich unsicher, verletzlich oder einsam fühlen.

Teilnehmer

ab 8

Anleitung

Stell dir eine kleine, felsige Insel vor, draußen vor der Küste im Ozean. Auf der höchsten Stelle der Insel steht ein fester, schlanker Leuchtturm. Stell dir vor, daß du dieser Leuchtturm bist, dein Fundament fest mit dem Felsen der Insel verbunden. Deine Wände sind so fest, daß du kein bißchen wackelst oder schwankst, wenn der Sturm über die Insel braust. Und Tag und Nacht sendest du aus deinem Fenster oben im Turm ein breites, helles Lichtband, bei gutem und bei schlechtem Wetter. Und im Innern hast du Reservemotoren, damit du in jedem Fall genug Strom hast, um deinen Scheinwerfer kreisen zu lassen, der die Schiffe warnt vor Klippen und Sandbänken. Du stehst fest und gibst den Menschen auf dem Meer und an der Küste ein gutes Gefühl der Sicherheit.
Und nun kannst du vielleicht auch das innere Licht in dir spüren, ein Licht, das nie ausgelöscht werden kann in deinem Leben...
Und wenn du bereit bist, komm zu uns zurück in diesen Raum...

Auswertung

— Wie hat mir das Spiel gefallen?
— Was empfinde ich jetzt?

Der wilde Garten 44

Ziele

Diese Phantasie hilft größeren Kindern, innere Ordnung herzustellen. Wenn sich die Kinder von vielen Forderungen anderer und vielen Aufgaben überwältigt fühlen, können sie hier zwei wichtige Grundsätze (wieder-)entdecken: "Ein Schritt zur Zeit" und: "Viele kleine Schritte führen zum Ziel". Eine hervorragende konzentrative Übung in Zeiten mit großem Streß!

Teilnehmer
ab 8

Anleitung
Stell dir vor, daß du auf dem Lande bist. Du gehst durch ein großes Landgut mit riesigen Feldern, Weiden und Wäldern. Auf einmal siehst du eine hohe Mauer aus Felssteinen, die ganz und gar mit Efeu überrankt ist. Und in der Mauer gibt es eine hölzerne Tür. Du hast Lust, die Tür zu öffnen und gehst hindurch.
Und dann siehst du, daß du jetzt in einem verwilderten Garten bist. Vor vielen Jahren muß der Garten sehr schön und gepflegt gewesen sein. Doch schon lange hat sich niemand mehr um ihn gekümmert. Die Pflanzen sind gewuchert, und auch das Unkraut hat sich prächtig vermehrt. Du kannst kaum feststellen, wo Beete und wo Wege sind.
Du bekommst Lust, im Garten Ordnung zu machen und dafür zu sorgen, daß es wieder genügend Luft und Licht für die Pflanzen gibt. Und du kannst entscheiden, in welchem Teil des Gartens du mit deiner Arbeit beginnen willst. Wo willst du das Unkraut ausreißen, mähen düngen, umpflanzen, begießen?...
Und du mußt dir nicht zuviel vornehmen. Es ist ausreichend, mit einem Teil des Gartens zu beginnen. Und wenn du erschöpft bist und die Lust verlierst, kannst du eine Pause machen. Vergleiche dann den Teil des Gartens, den du schon gepflegt hast, mit den Teilen, die noch unberührt sind...
Und wenn du das Gefühl hast, daß du genug getan hast, kehr zu uns zurück und ruhe dich noch etwas aus...

Auswertung
— Wie hat mir das Spiel gefallen?
— Was habe ich im Garten verändert?

Stadt aus Gold 45

Ziele

Diese märchenhafte Phantasiereise betont Selbstwertgefühl und Individualität des Kindes. Gut bei "besonderen" Gelegenheiten, Geburtstagen, Festen, Feiern etc. Dann unterstreicht die exklusive Metaphorik die Bedeutung der Situation.

Teilnehmer

ab 10

Anleitung

Stell dir vor, daß du durch den Dschungel von Burma wanderst. Du siehst große Rankgewächse, die sich um die Stämme der Urwaldriesen winden, dichte Moospolster und viele leuchtende Blüten überall. Du steigst höher und höher, und der Urwald wird lichter und lichter...
Nun stehst du am Rande des Waldes. Vor dir liegt ein See. Mitten im See liegt eine Inel mit einer kleinen Stadt, die ganz aus Gold ist. Das Gold der Häuser glitzert in der Sonne.
Und du steigst in den seltsamen See. Du hörst keinen Ton. Das Wasser ist auch ganz besonders: es ist wie feuchte, kühle Luft. Und bald bist du auf der Insel und entdeckst, daß überall Goldkugeln liegen, groß wie Tennisbälle. Nimm eine dieser goldenen Kugeln in deine Hand und fühle, wie schwer sie ist...
Geh nun durch das Tor in die goldene Stadt. Die Straßen sind mit Gold gepflastert. Häuser und Türme sind aus reinem Gold gebaut...
Nun kannst du Pferdegetrappel hören, lauter und lauter. Acht weiße Pferde traben auf dich zu, hinter sich eine goldene Kutsche. Spring in die Kutsche, die schneller und immer schneller durch die Straßen fährt. Und du glaubst, daß Pferde und Kutsche den Boden verlassen und in den Himmel rasen. Und in Richtung auf die goldene Sonne fliegen Pferde und Kutsche, bis sie mit dem Licht der Sonne verschmelzen. Kannst du die angenehme Wärme der Sonne spüren?...
Ruhe noch etwas von deinem Abenteuer aus und kehre dann mit deiner Aufmerksamkeit zu uns allen zurück in diesen Raum...

Auswertung

— Wie hat mir das Spiel gefallen?

Kapitel 4:
Geleitete Phantasien für Entspannung und Selbstwertgefühl

Kinder und Erwachsene benötigen ein positives Selbstkonzept, um sich entspannt und sicher fühlen zu können. Wer sich unbedeutend, ungeliebt, nicht dazugehörig fühlt, muß sich verteidigen oder innerlich weglaufen. Je unglücklicher sich ein Kind fühlt, desto mehr spannt es seine Muskulatur an und entwickelt eine körperliche Panzerung. Eine flache Atmung, schlechte Durchblutung, ja sogar eine Schwächung des Immunsystems können die Folgen sein. Daher ist es wichtig, Kindern zu helfen, ein erfreuliches Bild von sich selbst zu entwickeln. Die in diesem Kapitel zusammengestellten Phantasien können einen wertvollen Beitrag dazu leisten. Sie bieten den Kindern Gelegenheit, Zugang zu ihrem inneren Selbst zu finden und sich und andere in einem positiven Licht zu sehen. Erwarten Sie nicht, daß die Kinder sehr viel nach einer solchen Phantasiereise berichten. Oft geben sie, innerlich bewegt, nur kurze Mitteilungen. Wenn ein Kind von sich aus mehr erzählen möchte, geben Sie ihm die Chance dazu. Am wichtigsten ist der innere Prozeß, wenn die Kinder Ihren Worten folgen und sich und die Welt aus einer freundlichen Perspektive sehen können. Langsam können dann all jene trüben Bilder und Annahmen verändert und Hoffnung und Selbstvertrauen etabliert werden. Und mit ihnen kann das Kind dann sehr viel leichter mit Streß und den unvermeidbaren Härten des Lebens zurechtkommen.
Leiten Sie auch diese Phantasien mit der Entspannung aus der Vorbemerkung ein.

Dein besonderer Platz 46

Ziele

Um sich von anderen abgrenzen zu können und das Empfinden für das eigene, innere Selbst zu vertiefen, brauchen Kinder früh einen eigenen physikalischen Raum, wo sie wirklich allein sein können (zum Beispiel das eigene Bett im eigenen Zimmer). Diese Phantasie unterstützt das Kind, sich abzugrenzen und diesen manchmal schwierigen Vorgang genießen zu können.

Teilnehmer

ab 6

Anleitung

Stell dir deinen Lieblingsplatz vor, den du bei euch zu Hause hast. Was magst du an ihm besonders?...
Und nun stell dir irgendeinen Platz draußen vor in der Natur, der zu dir paßt. Geh in der Phantasie in eine Landschaft, wo du gern Ferien machen würdest. Wie sieht es dort aus? Gibt es Bäume, Wald, Wiesen? Wie sieht der Boden aus? Gibt es Wasser in der Nähe? Ist das Land flach, oder gibt es Berge und Hügel? Gibt es Häuser in der Nähe?
Du kannst im Geist eine eigene Phantasielandschaft erfinden, sie so ausschmücken, wie du es willst. Welche Farben möchtest du dort besonders gern sehen?...
Und nun stell dir vor, was du dort tun könntest. Was würde dir Vergnügen bereiten?... Wenn die Sonne dort scheint, spüre sie auf deinem Gesicht, und spüre, wie zufrieden du dort sein kannst, an deinem besonderen Platz. Ich werde jetzt ruhig sein, damit du diesen Lieblingsplatz etwas genießen und ihn dir genau merken kannst...
Und in der Phantasie kannst du immer wieder an diesen Platz gehen. Wenn du dich müde fühlst, aufgeregt oder bedrängt, wenn du dich entspannen und wohlfühlen möchtest, dann kannst du dich hinlegen oder zurücklehnen und an diesen jetzt gefundenen Platz zurückkehren...
Und nun öffne bitte die Augen wieder und komm zurück in diesen Raum. Ich werde herumgehen, und du kannst mir sagen, wie dein Lieblingsplatz aussieht und wie du dich dort fühlen kannst. Sag mir so viel, wie du magst...

Auswertung

— Wie hat mir das Spiel gefallen?

— Wo ist mein Lieblingsplatz in diesem Haus?

Im Mutterleib 47

Ziele

Wenn sich die Kinder verletzlich und unsicher fühlen, ungeliebt oder übersehen, kann diese Phantasie helfen.

Teilnehmer

ab 5

Anleitung

Leg dich auf die Seite. Zieh die Beine an die Brust und lege deinen Kopf in die Hände...

(Zeigen Sie den Kindern ggf. die Lage eines Fötus.)

So hast du in Mutters Bauch gelegen, ehe du geboren wurdest. Stell dir vor, daß du für eine Weile wieder im Bauch deiner Mutter bist...

Um dich herum ist weiches, warmes Wasser, das dich davor schützt, verletzt zu werden. Und du liegst ruhig im Wasser, und das Wasser hält zärtlich deinen Körper...

Mutters Bauch ist sanft und bequem, wie ein Kissen umgibt Mutters Bauch deinen Körper. Deine Augen sind geschlossen, und du hörst und spürst Mutters Herz schlagen, langsam und gleichmäßig wie ein Schlaflied, wenn du angenehm müde bist. Poch-Poch, Poch-Poch, Poch-Poch...

Und vielleicht hört Mutter jetzt gerade schöne Musik. Und du kannst sie auch leise hören, und die Musik mischt sich mit der Musik von Mutters Herz. Und du kannst so lange so liegen bleiben wie du magst...

Ich werde herumgehen, und du kannst mir ins Ohr flüstern, wie es sich für dich anfühlt, in der Phantasie wieder in Mutters Bauch zu sein...

Und wenn du bereit bist, komm wieder zurück in diesen Raum und ruh dich noch ein wenig auf dem Boden aus...

Auswertung

— Was mache ich sonst, um mich ganz geborgen zu fühlen?

Ziele
Betont wird die Zuverlässigkeit der wichtigen Bezugspersonen und ihr Wohlwollen. Vertrauen und das Gefühl, geliebt zu werden, können empfunden werden.

Teilnehmer
ab 5

Anleitung
Während du langsam ein- und ausatmest, kannst du dir vorstellen, daß du jünger und kleiner wirst. Allmählich fühlst du dich wie ein vierjähriges Kind, und vielleicht fallen dir die Dinge ein, die damals in deinem Leben wichtig oder angenehm wahren...
Und du kannst dich noch jünger werden lassen... Jetzt bist du drei Jahre alt. Wie war dein Leben, als du drei Jahre alt warst?...
Und werde noch jünger, zwei Jahre, damals, als du lerntest, richtig zu sprechen...
Werde noch jünger, als du ein Jahr alt warst und gerade laufen lerntest...
Werde noch jünger, sechs Monate vielleicht, als du sitzen konntest und anfingst, auf dem Boden zu krabbeln. Weißt du noch, was das für ein Gefühl war?...
Und nun kannst du ein neugeborenes Baby sein, das im Kinderwagen liegt in weichen Kissen und geborgen... Und du öffnest die Augen zum ersten Mal. Du kannst noch nicht sprechen oder krabbeln... Mutter oder Vater oder Schwestern oder Brüder müssen für dich sorgen. Sie bringen dir alles, was du brauchst. Du hörst ihre Stimmen, und sie klingen liebevoll. Du kannst ahnen, daß sie sich über das kleine Baby freuen, das so zart und wunderbar zu ihnen gekommen ist...
Und du spürst ihre warmen Hände, wenn sie dich streicheln oder halten. Und du lächelst, weil du dich geborgen fühlst. Und wenn du Hunger hast, schreist du mit kräftiger Stimme, um sie daran zu erinnern, daß du ernährt werden willst...
Und du kannst auf deiner Decke liegen wie ein winziges Baby, auf dem Rücken und all das erleben und genießen...
Und ich werde herumgehen, dich zart berühren, und du flüsterst mir ins

Ohr, was du empfindest, wenn du so klein bist. Und dann, nachdem ich dich besucht habe, kannst du langsam wieder so groß werden, wie du heute bist, und auch so alt sein, wie du bist... Und du kannst dich noch ein wenig auf der Decke ausruhen...

Auswertung

— Wie hat mir das Spiel gefallen?
— Was ist für ein Baby besonders wichtig?

Älter werden 49

Ziele

Diese Phantasie-Revue verschiedener Lebensalter kann das Empfinden des Kindes verstärken, die notwendige Kontrolle über sein Leben zu haben. Es erlebt, daß es verschiedene geistige Perspektiven benutzen kann. Und es kann nach vorn blicken und Zuversicht entwickeln, um sein Leben zu meistern.

Teilnehmer

ab 6

Anleitung

Atme langsam ein und aus und stell dir vor, daß du jünger und kleiner wirst und beobachte, wie die Jahre verschwinden...
Du bist fünf Jahre alt... und dann vier... und nun drei.. und nun zwei... Was machst du in diesem Alter? Wie ist dein Leben?...
Geh noch weiter zurück... sei ein Jahr alt, und du kannst gerade die ersten Worte sagen und etwas wackelig gehen...
Und nun sei sechs Monate alt, im Krabbelalter... Und nun bist du ein richtiges kleines Baby...
Jetzt kannst du erleben, wie es ist, älter zu werden. Bemerke jedes Jahr, daß du älter wirst, bis irgendein Alter erreicht ist, das dich neugierig macht. Laß dich wachsen und nimm irgendein Alter an, das du ausprobieren möchtest... ein Baby, ein Kind, ein größeres Kind, ein Jugendlicher, ein Erwachsener... was immer du sein möchtest...
Und stell dir vor, was du in diesem Alter alles tun kannst, wie dein Leben

dann sein soll... Was ist angenehm an diesem Alter?...
Ich werde herumgehen, und du sagst mir, wie alt du bist und was du in diesem Alter machen kannst. Dann kannst du wieder dein richtiges Alter haben und dich noch etwas auf dem Boden ausruhen...

Auswertung

— Wie hat mir das Spiel gefallen?
— Was braucht man am meisten, um sehr alt zu werden?

Mein Körper 50

Ziele

Damit Kinder sich wertvoll fühlen können, müssen sie ein positives Körperbild entwickeln. Diese Phantasie hilft ihnen, mehr Vergnügen am eigenen Körper zu entwickeln.

Teilnehmer

ab 8

Anleitung

Stell dir irgendein Musikinstrument vor, das die allerschönsten Klänge hervorrufen kann...
Betrachte das Musikinstrument von allen Seiten und nimm es ruhig in die Hand... Höre die Schönheit der Klänge, die davon ausgehen...
Und kannst du spüren, wie gut du dich fühlst, wenn diese Klänge dein Ohr erreichen, wie angenehm das ist?...
Du kannst dich ganz lebendig fühlen. Vielleicht wird dir warm, oder es kribbelt in dir... Die Musik ist so schön...
Nun stell dir vor, daß dein Körper ein Musikinstrument ist... Dein Körper ist wunderschön und einmalig. Dein Körper duftet angenehm. Und du kannst deinen Körper so wunderbar bewegen wie ein Musikinstrument...
Du kannst stolz sein auf deinen Körper. Und du kannst deinen Körper so sehr genießen, eine Quelle von Wohlsein und Glück. Der Körper kann ganz lebendig sein vor Freude und Munterkeit...
Und vielleicht kannst du deinem Körper manchmal sagen, daß du ihn magst. Willst du jetzt irgend etwas Nettes über deinen Körper denken,

was dir besonders daran gefällt?...
Ich werde herumgehen, und du kannst mir ins Ohr flüstern, was dir in den Sinn gekommen ist...

Auswertung

— Wie hat mir das Spiel gefallen?
— Was spüre ich gerade mit meinem Körper?

Inneres Licht 51

Ziele

Diese Phantasie betont die Individualität jedes Kindes. Kontakt mit dem eigenen Selbst wird ermöglicht, Selbstvertrauen und Zuversicht werden bestärkt.

Teilnehmer

ab 6

Anleitung

(Am besten zünden Sie zu Beginn dieser Phantasie eine Kerze an, vor allem bei jüngeren Kindern.)
Während du ganz bequem am Boden liegst, kannst du eine Hand auf deinen Bauch legen, gerade etwas unterhalb deines Bauchnabels...
Jetzt berührst du dein Zentrum, das Zentrum deines Körpers... Stell dir vor, daß in dir ein kleines Licht brennt, vielleicht eine winzige Kerze. Und die Wärme ihrer Flamme erhellt und wärmt deinen Bauch... Stell dir vor, daß die Kerze heller brennt und deine Beine hell macht und warm, die Schenkel, Knie, Füße...
Sie macht deine Arme hell und warm... deine Hände und Finger... deine Brust und deinen Hals, ganz warm und angenehm...
Stell dir vor, daß das Licht auch deinen Kopf erleuchtet. Das Licht scheint durch deinen ganzen Körper...
Kannst du sehen, wie du ganz und gar im warmen Licht leuchtest?...
Nun laß das Licht dir sagen, daß du wirklich einzigartig bist und liebenswert. Du kannst wissen, daß es niemanden gibt wie dich, und du kannst spüren, was an dir einmalig oder besonders ist. Denk eine Weile darüber nach, was du alles selbst an dir magst...

Ich werde herumgehen, und du sagst mir irgend etwas, was es Besonderes gibt an dir. Während ihr euch auf euren Decken weiter ausruht, könnt ihr daran denken, daß jeder von euch eine einzigartige Person ist und daß ihr dieses innere Licht immer anzünden könnt, wenn es euch gut tut zu wissen, was euch auszeichnet...
(Stellen Sie sich bitte darauf ein, daß einige Kinder Schwierigkeiten haben, etwas Besonderes an sich klar zu benennen. In diesem Fall können Sie dem Kind mitteilen, was Sie an ihm besonders schätzen.)

Auswertung

— Wie hat mir das Spiel gefallen?
— Wie fühle ich mich jetzt?

Regieren 52

Ziele

Auch diese Phantasie betont Selbstwertgefühle und Kompetenz der Kinder. Außerdem wird angedeutet, daß das Kind die notwendige Kontrolle über seine Gedanken hat — eine überaus wichtige Botschaft.

Teilnehmer

ab 8

Anleitung

Stell dir vor, daß du die ganze Welt regierst. Du bist ein weiser und freundlicher Herrscher, der sehr geachtet wird. Unter deiner Leitung geht es allen Ländern gut... Von weit her kommen die Menschen, um deinen Rat zu hören. Deine Weisheit ist so groß, daß Kinder und Erwachsene dir mit Ehrfurcht begegnen. Für viele bist du ein Held...
Kannst du es genießen, so bewundert zu werden? Willst du dir gestatten, stolz zu sein? Was du erreicht hast, ist so angenehm für dich...
Stell dir vor, daß du auch deine Gedanken so regierst, wie du die Welt regierst... Und nun sage zu dir selbst, daß du tüchtig und wertvoll bist, daß du liebenswert und freundlich bist... Spüre alle diese Qualitäten... Und nimm dir vor, daß du diese angenehmen Gedanken und Gefühle wieder haben wirst, wenn du mit schwierigen Dingen zurechtkommen mußt...

Auswertung
- — Wie hat mir das Spiel gefallen?
- — Was empfinde ich gerade?

Geliebt werden (1) 53

Ziele
Diese nur auf den ersten Blick simple Phantasie bestärkt die Kinder im Bewußtsein ihrer Liebenswürdigkeit. Es ist wünschenswert, diese Phantasie erst dann in eine Gruppe zu bringen, wenn die Kinder zuvor eine der vorangehenden Phantasien erprobt haben (50 bis 52 oder 54).

Teilnehmer
ab 6

Anleitung
Stell dir vor, daß du aus deinem Haus gehst. Du gehst irgendwohin, wo du gern bist, oder du wählst einen Weg, den du gern entlangspazierst... Und während du langsam weitergehst, siehst du, wie jemand aus der Ferne auf dich zukommt. Die Person begrüßt dich mit einem Lächeln und berührt oder umarmt dich freundlich und geht dann weiter...
Und in der Ferne siehst du wieder jemanden langsam auf dich zugehen... Und wenn die Person bei dir ist, lächelt sie und berührt oder umarmt dich freundlich...
Stell dir vor, daß dies so weitergeht. Jeder, den du kennst, jeder, der dir einfällt, kommt auf dich zu, lächelnd, und die Person berührt oder umarmt dich freundlich... Vielleicht kommen sogar Leute auf dich zu, die du nicht so sehr magst, oder wo du glaubst, daß sie dich nicht so sehr mögen...
Vielleicht kommen auch Leute, die du wenig oder noch gar nicht kennst, auf dich zu, um zu lächeln und dich freundlich zu berühren oder zu umarmen...
Stell dir alle möglichen Leute vor und laß sie zu dir kommen und dich freundlich berühren oder umarmen. Und wenn du glaubst, daß es genug war, komm wieder zu uns zurück in diesen Raum und ruhe dich auf dem Boden aus...

Ich werde herumgehen, und du kannst mir ins Ohr flüstern, wie es war, von so vielen Leuten gemocht zu werden. Und wenn du willst, kannst du mir auch sagen, wer zum Beispiel zu dir gekommen ist...

Auswertung

— Wie hat mir das Spiel gefallen?
— Wie fühle ich mich jetzt?

Ein Raum voller Spiegel 54

Ziele

Selbstwertgefühl und das Empfinden verschiedener spezifischer Qualitäten wird in dieser Phantasie betont.

Teilnehmer

ab 8

Anleitung

Stell dir vor, daß du im Hause einer guten Fee bist. Die Fee hat dich an deinem Geburtstag eingeladen, um dir eine besondere Freude zu machen. Und sie öffnet dir die Tür zu einem gemütlichen Raum mit fünf großen Spiegeln, in denen du dich ganz sehen kannst. Als die Fee dich allein läßt, bemerkst du, wie angenehm man sich hier fühlen kann. Der Raum ist warm und einladend. Du spürst, daß dies ein besonderer Raum ist...
Es sind Zauberspiegel. Jeder Spiegel kann dir etwas wirklich Wertvolles an dir zeigen... Gehe ruhig zum ersten Spiegel. Schau auf dein Spiegelbild. Dein Bild zeigt dir eine schöne Qualität. Konzentriere dich auf diese Qualität. Merkst du, wie gut es ist, diese Qualität zu bemerken? Laß dir Zeit, das zu genießen...
Wenn du bereit bist, geh zum zweiten Spiegel. Schau auf dein Spiegelbild. Wieder kannst du einen wunderbaren Teil von dir sehen. Genieße es, diesen Teil zu bemerken. Du kannst so froh sein darüber...
Geh weiter zum dritten Spiegel. Konzentriere dich auf die Qualität von dir, die du hier bemerkst. Wie schön ist es, alle diese angenehmen Dinge an dir zu bemerken...
Und wenn du hier genug genossen hast, geh zum vierten Spiegel. Hier

kannst du wieder einen wertvollen Teil von dir entdecken. Gestatte dir, auch diesen Teil zu genießen. Und wenn du befriedigt bist, geh zum fünften und letzten Spiegel...
Schau an, was dir der fünfte Spiegel zeigt. Du kannst so zufrieden sein. Du hast so viele schöne Qualitäten. Du kannst Achtung vor dir selbst haben und stolz auf dich sein. Du kannst dich selbst mögen. Und du kannst mit diesem Besuch im Haus der Fee zufrieden sein...
Laß die Fee dir Auf Wiedersehen sagen. Möchtest du dich bei ihr bedanken und ihr etwas sagen?... Und dann komm wieder zu uns zurück und ruh dich am Boden noch etwas aus. Ich werde gleich herumgehen und du kannst mir sagen, wie du dich nach dem Besuch bei der Fee fühlst. Und wenn du willst, kannst du mir auch sagen, über welche Qualitäten du dich besonders freust.

Auswertung

— Wie hat mir das Spiel gefallen?
— Was habe ich der Fee gesagt?

Geliebt werden (2) 55

Ziele

Auch hier wird betont, daß jedes Kind liebenswert ist. Ein Kind, das es besonders gebrauchen kann, wird ggf. darüber hinaus von den anderen Gruppenmitgliedern liebevoll beachtet.

Teilnehmer

ab 6

Anleitung

Denke ein wenig zurück an eine Zeit, wo irgend jemand dich umarmt oder gestreichelt hat. Vielleicht hast du mit diesem Menschen gekuschelt, oder du saßest auf seinem Schoß... Denke an eine dieser schönen Gelegenheiten...
Kannst du nachfühlen, wie das war? Kannst du dich daran erinnern, wie gut du dich gefühlt hast, wie nahe bei diesem Menschen?...
Denke ein wenig darüber nach, während ich jetzt herumgehe. Wenn du

möchtest, kannst du mir ins Ohr flüstern, wo du warst und wer so liebevoll zu dir war...
(Nachdem Sie etwas von jedem Kind gehört haben, können Sie stoppen oder sich entschließen, für e i n Kind etwas Besonderes zu veranlassen. Vielleicht für ein Kind, das zu selten zärtliche Aufmerksamkeit erhält. Dann können Sie zum Beispiel sagen: Heute möchte ich, daß wir Carolina etwas verwöhnen. Möchtest du das, Carolina?... Jedesmal, wenn ich einen von euch an der Schulter berühre, kann dieses Kind zu Carolina gehen und sie streicheln, umarmen oder ihr irgendwie zeigen, daß sie zu uns gehört...

Auswertung

— Wie hat mir das Spiel gefallen?
— Auf welche Weise lasse ich mich am liebsten liebkosen?

Sich selbst mögen 56

Ziele

Im Anschluß an einige der vorangehenden Phantasien ist dies eine schöne Möglichkeit, das Empfinden von Selbstwert und Liebenswürdigkeit bei den Kindern zu vertiefen.

Teilnehmer

ab 8

Anleitung

Wann hast du dich zuletzt darüber gefreut, daß du auf der Welt bist?... Und magst du etwas darüber nachdenken, wie schön es ist, daß du du bist? Denke an all die Teile und Qualitäten von dir nach, die besonders oder wertvoll oder einmalig sind...
Stell dir vor, wie gut das Gefühl ist, von jemandem geliebt zu werden, wie Vater und Mutter uns in den Arm nehmen und wie wir sie umarmen... Und nun kannst du den Arm um dich selbst legen und dir eine lange, liebevolle Umarmung geben... und fühlen, wie du in deiner Art einmalig bist. Und ist es nicht schön, wenn du zu dir selbst liebevoll bist?...
Es ist wichtig, daß wir uns selbst mögen und lieben. Und dies ist eine

Gelegenheit dazu. Laß dir Zeit, dich selbst zu halten und zu lieben... Wenn ich fertig bin, mir selbst eine liebevolle Umarmung zu gönnen, werde ich herumgehen, während ihr euch noch liebevoll haltet, und ich möchte, daß jeder mir ins Ohr flüstert, wie sich das anfühlt, sich selbst zu umarmen... und wie leicht oder wie schwer es ist, sich selbst zu lieben. Und wenn ihr mir das gesagt habt, könnt ihr dieses Gefühl in euch behalten. Und wenn ihr später einmal traurig oder einsam oder müde seid, könnt ihr euch erinnern, wie es ist, wenn wir uns selbst mögen...

Auswertung

— Wie hat mir das Spiel gefallen?
— Wie geht es mir jetzt?

Sich selbst helfen 57

Ziele

Diese Phantasie regt die Flexibilität der Kinder an, insbesondere ihre Fähigkeit zu konstruktiver Selbstbeurteilung.

Teilnehmer

ab 8

Anleitung

Stell dir vor, daß du ein großes Puzzle bist mit vielen Teilen, mit einer Menge verschiedener Teile... all die Teile deines Körpers, deine Arme und Beine, Kopf und Brust und all die Teile in dir, wie du etwas tust, was du tust, wie du Dinge sagst... alles, was du denkst und fühlst... Es gibt so viele Teile von uns...

Und das Puzzle, das wir sind, ist etwas Besonderes, und wir möchten darauf stolz sein und uns gern haben. Manchmal gibt es auch Teile im Puzzle, die wir gern ändern würden, Teile, die nicht mehr so recht passen, Teile, die uns nicht mehr nützlich sind. Vielleicht gibt es auch Teile, die andere Leute sehr stören oder ärgerlich machen...

Jeder von uns hat Teile, die er ein bißchen verändern kann, so daß wir glücklicher sein und besser mit anderen auskommen können.

Denk jetzt eine Weile darüber nach, welche Teile du ändern möchtest, um weniger Streß zu haben. Ich werde es auch tun und dann herumgehen, so daß du mir ins Ohr flüstern kannst, was du vielleicht ändern möchtest. Und dann kannst du noch etwas auf dem Boden liegenbleiben, um dich auszuruhen...

Auswertung

— Wie hat mir das Spiel gefallen?
— Wann habe ich zuletzt einen Teil von mir geändert?

Jeder macht Fehler 58

Ziele

Dies ist eine wunderbar einfache und für viele Kinder wichtige Phantasie, gerichtet gegen die zunehmende Plage des Perfektionismus.

Teilnehmer

ab 6

Anleitung

Während du bequem am Boden liegst, kannst du etwas zurückdenken an eine Gelegenheit, wo du einen Fehler gemacht hast, etwas, was du nicht so gut gemacht hast, wie du es eigentlich möchtest... vielleicht war der Fehler heute, vielleicht vor ein paar Tagen. Vielleicht hast du etwas kaputtgemacht, oder vielleicht hast du etwas in einer Weise gemacht, die dir selbst dann nicht gefiel. Vielleicht hast du jemanden verletzt...
Denke an irgendeinen Fehler, ohne daß du auf dich ärgerlich wirst... Stell dir vor, daß du einen riesengroßen Schwamm nimmst oder ein dickes Radiergummi, mit dem du diesen Fehler wegwischst, und beobachte, wie alle Fehler verschwinden. Jeder dieser Fehler ist vergangen...
Und nun sag zu dir selbst und denke dabei nach und fühle, was du sagst:"Jeder macht Fehler"...
Und dann sag diesen kurzen Satz noch einmal. Nimm dich selbst liebevoll in den Arm und sage leise in deinem Herzen:"Es ist viel leichter, nicht perfekt zu sein"...

Auswertung

— Wie hat mir das Spiel gefallen?
— Was ist mir dabei durch den Sinn gegangen?

Eine Brücke bauen 59

Ziele

Je enger das Selbstkonzept eines Kindes ist, desto stärker empfindet es Menschen mit anderen persönlichen Merkmalen als fremd und unangenehm. Diese Phantasie ermutigt die Kinder, mit für sie "schwierigen" Personen doch Kontakt zu riskieren und Unterschiede besser zu tolerieren. Die Brücke ist eine schöne Metapher dafür.

Teilnehmer

ab 6

Anleitung

Könnt ihr bemerken, wie sicher ihr auf dem Boden liegt, wie gut euer Rücken die Erde berührt?...
Stellt euch vor, daß ihr auf einer Brücke seid. Euer lang ausgestreckter Körper ist eine Brücke, die zwei hohe Berge verbindet. Dazwischen liegt ein tiefes Tal...
Strecke bitte die Arme über deinen Kopf und stell dir vor, daß dort, wo deine Hände sind, d e i n Ende der Brücke ist. Und unten, wo deine Füße sind, von dort versuchen andere über die Brücke zu kommen, ohne verletzt zu werden...
Stell dir vor, daß du diesen Menschen hilfst mit deiner Brücke. Stelle dir verschiedene Leute vor, die darauf warten, über die Brücke zu gehen. Betrachte ihre Gesichter... Stelle dir viele Leute vor, die du kennst... Stelle dir vor allem die Erwachsenen und Kinder vor, die deiner Meinung nach ganz anders sind als du. Vielleicht magst du sie nicht besonders oder bist nicht gut mit ihnen ausgekommen, weil sie so anders sind. Denke an einen, zwei oder mehr Menschen, die für dich etwas schwierig sind...
Und nun strecke deinen ganzen Körper so lang aus wie du kannst, und stell dir vor, daß diese Leute sicher über deine Brücke gehen. Und wenn diese Leute, die so anders sind, hinübergehen, dann kannst du daran

denken, daß diese Leute eben anders sind und daß das auch spannend sein kann. Du mußt nicht unbedingt viel mit ihnen zusammen sein, aber laß sie über deine Brücke gehen, schließe sie nicht ganz aus deinem Leben aus. Und vielleicht kannst du etwas an ihnen entdecken, während sie vorsichtig über deine Brücke gehen, was du vorher so nicht bemerkt hast... Und wenn die Leute über deine Brücke gegangen sind, dann kannst du deinen Körper wieder locker werden lassen... Du hast hart gearbeitet, und vielleicht magst du mit dir selbst zufrieden sein...
Und ich werde gleich herumgehen, und jeder kann mir sagen, wer die Brücke betreten hat und wie es sich anfühlte, diese Menschen über die eigene Brücke gehen zu lassen. Bleibt dann noch eine Weile am Boden liegen, um euch auszuruhen...

Auswertung

— Wie hat mir das Spiel gefallen?
— Was geht mir durch den Kopf?

Ein schöner Traum 60

Ziele

Die letzte Phantasie dieses Bandes ist eine Aufforderung an die Kinder, den Wünschen und Vorschlägen ihres inneren Selbst immer wieder Aufmerksamkeit zu geben. Denn auch Kinder können ihre innere Mitte nur finden, wenn sie lernen, auf die leise Stimme des Selbst zu achten.

Teilnehmer

ab 6

Anleitung

Stell dir vor, daß du in deinem Bett liegst, in weichen und frisch duftenden Kissen und Decken. Um dich herum sind all deine Sachen... Du kannst dich warm und behaglich fühlen... Und stell dir vor, daß du gähnst und dann einschläfst, so wie jeden Abend... Und tiefer und tiefer sinkst du in Schlaf, in angenehmen und erfrischenden Schlaf...
Und langsam beginnst du einen Traum zu träumen, einen schönen Traum... Vielleicht hast du den Traum schon einmal geträumt, vielleicht

ist es ein neuer Traum... Und möchtest du einen bunten Traum? Einen lebhaften Traum? Einen beruhigenden Traum? Einen überraschenden Traum?...
Ich werde gleich schweigen, damit du die Stimme deines Traumes hören kannst, seine Bilder und alles, was dazu gehört...
Und nun kannst du deinem Traum noch einen Abschluß geben und langsam aufwachen und wieder gähnen und dich erfrischt fühlen...
Ich werde herumgehen, und du kannst mir sagen, was deinen Traum schön gemacht hat und wie sich dieser Traum für dich anfühlte. Bleib dann noch eine Weile am Boden liegen, um dich auszuruhen...

Auswertung

— Wie hat mir das Spiel gefallen?
— Was träume ich sonst?

Bücher bei **iskopress**

KINDER UND JUGENDLICHE

Vopel: ***Kinder ohne Stress***. *Imaginative Spiele für Kinder zwischen 3 und 12*, Teil 1 bis 5 (1) ***Bewegung im Schneckentempo*** (2) ***Im Wunderland der Phantasie*** (3) ***Reise mit dem Atem*** (4) ***Zauberhände*** (5) ***Ausflüge im Lotussitz***

Rabe: ***Karawane meiner Träume***. *Schreibexperimente für Kinder*

Wal: ***Eine Kiste voller Bilder***. *Malexperimente für Kinder*

Liedhegener: ***Robi und Christine***. *Phantasiegeschichten für Kinder und ihre Eltern*

Unna: ***Blau ist der Himmel***. *Vom Malstil des Kindes zwischen 6 und 9*

Vopel: ***Interaktionsspiele für Kinder***, Teil 1 bis 4 (1) Kontakt, Wahrnehmung, Identität (2) Gefühle, Familie und Freunde (3) Kommunikation, Körper, Vertrauen (4) Schule, Feedback, Einfluß, Kooperation

Böschemeyer/Vopel: ***Kommunikation im 1. Schuljahr***. *Affektives Lernen für 5 bis 7-jährige*

Wilhelm: ***Sanfte Pädagogik***. *Heilsame Wege in Schule und Beratung*

Böschemeyer: ***Kindergeburtstag***. *Spiele ohne Verlierer*

Nowak/Vopel: ***Denken wie ein Berg, fühlen wie ein Fluß***. *Spiele und Experimente für eine respektvolle Einstellung zur Natur für 6- bis 12-jährige*

Ehrlich/Vopel: ***Wege des Staunens***. *Übungen für die rechte Hemisphäre*, Teil 1 bis 3 (1) Kreatives Schreiben (2) Malen und Formen (3) Phantasiereisen

Vopel: ***Schreibwerkstatt***. *Eine Anleitung zum kreativen Schreiben für Lehrer, Schüler und Autoren*, Teil 1 und 2

de Mille: ***Setz Mutter auf den Tiger***. *Phantasieexperimente für Kinder*

Alex/Vopel: ***Lehre mich nicht, laß mich lernen***, Teil 1 bis 4. (1) Älter werden, Ängste und Befürchtungen, Anerkennung und Nähe, Autoritäten und Vorschriften, Fehler und Erfolge, Freude und Trauer, Freunde gewinnen (2) Gefühle, Geld, Gesundheit und Drogen, irrationale Annahmen, Jungen und Mädchen, Krisen, Lernen (3) Liebe und Sinnlichkeit, Mut, Natur, Selbstkonzept, Streß, Träume (4) Umwelt, Verhaltensprobleme, Wünsche und Werte, Wut und Ärger, Zeiteinteilung.

Vopel: ***Dialog mit der Zukunft****. Imaginative Experimente für Jugendliche*

Klippstein (Hg): ***Zwischenspiele****. Vorlesetexte für kreative Pausen* (ab 12)

Nowak: ***13 Wege, einen Baum zu betrachten.***
Lebendiges Lernen im Biologieunterricht

Vopel: ***Interaktionsspiele für Jugendliche***, Teil 1 bis 4
(1) Werte/Ziele und Interessen/Schule und Lernen/Arbeit und Freizeit
(2) Körper/Identität/Fähigkeiten und Stärken (3) Ablösung aus der Kindheitsfamilie/Liebe und Freundschaft/Sexualität
(4) Lebensplanung/Probleme lösen/Kooperation

Vopel/Wilde: ***Glaube und Selbsterfahrung im Vaterunser.***
Ein Kurs für lebendiges Lernen im kirchlichen Unterricht

Vopel: ***Nicht vom Brot allein.***
Affektive Strategien zur Werteklärung für Kinder und Jugendliche

GRUPPENLEITER

Vopel: ***Metaphorische Aktionen****. Ungewöhnliche Wege zur Gruppenkohäsion*

Vopel: ***Anfangsphase***, Teil 1 und 2.
(1) Namen/Kontakte/Werte (2) Selbstbild/Biographisches/Ziele

Vopel: ***Anwärmspiele****. Experimente für Lern- und Arbeitsgruppen*

Vopel: ***Handbuch für Gruppenleiter.***
Zur Theorie und Praxis der Interaktionsspiele

Vopel: ***Störungen, Blockaden, Krisen. Experimente für Lern- und Arbeitsgruppen***

Vopel: ***Interaktionsspiele***, Teil 1 bis 6.
Akzeptierung und Angstabbau in der Anfangsphase/Wahrnehmen und Kommunizieren/Aktivierung bei Müdigkeit und Unlust/Entwicklung von Vertrauen und Offenheit/Beziehungsklärung und Feedback/ Umgang mit Einfluß, Macht und Konkurrenz/Konsensus und Kooperation

Vopel: ***Materialien für Gruppenleiter***, Teil 1 bis 8.
(1) ***Diagnose der Gruppensituation*** (2) ***Gestaltung der Schlußphase***
(3) ***Kommunikationsregeln in Gruppen***
(4) ***Umgang mit Konflikten*** (5) ***Teamentwicklung***
(6) ***Briefe als Lernstrategie*** (7) ***Ziele*** (8) ***Lernen***

Vopel: ***Poster Set***, *Grundregeln in Gruppen.* 12 Poster (84 x 58 cm) auf unterschiedlich getöntem, pastellfarbenem Grund

MODERNE THERAPIE

Haley: ***Ordeal Therapie***. *Ungewöhnliche Wege der Verhaltensänderung*

Madanes: ***Hinter dem Einwegspiegel.***
Fortschritte in der strategischen Therapie

O'Hanlon: ***Eckpfeiler***. *Grundlegende Prinzipien der Psychotherapie und Hypnose Milton H. Ericksons*

Hoffmann: ***Grundlagen der Familientherapie.***
Konzepte für die Entwicklung von Systemen

Klippstein (Hg.): ***Trance-Entwicklung.***
Hypnotherapeutische Gruppeninduktionen

Keeney: ***Ästhetik des Wandels***

Marcus: ***Die Logik des Unlogischen***

Rosen (Hg.): ***Die Lehrgeschichten von Milton H. Erickson***

Gordon/Meyers-Anderson: ***Phoenix.***
Therapeutische Strategien von Milton H. Erickson

PSYCHOLOGISCHE WEGWEISER

Halpern: ***Festhalten oder Loslassen***. *Wie Eltern zu ihren erwachsenen Kindern eine bessere Beziehung herstellen können.*

Halpern: ***Abschied von den Eltern***. *Eine Anleitung für Erwachsene, die Beziehung zu den Eltern zu normalisieren.*

Halpern: ***Liebe und Abhängigkeit***. *Wie wir übergroße Abhängigkeit in einer Beziehung beenden können.*

Kelzer: ***Sonne und Schatten***. *Der Weg zu luziden Träumen*

Vopel/Vopel: ***Ich und Du***. *Ein Kommunikationstraining für Partner*

May: ***Der sanfte Weg***. *Ein Meditationshandbuch*

Kelemann: ***Lebe dein Sterben***

Arnon: ***Zwischen Tradition und Wagnis***. *Frauen aus Israel erzählen*